互联互通

潘炫明 著

Governing the Cross-Border Capital Markets of China
The Rise of Mutual Market Access

中国特色跨境资本市场
治理之道

社会科学文献出版社
SOCIAL SCIENCES ACADEMIC PRESS (CHINA)

目 录

｜下篇　资本市场的协同发展｜

引　言

中国内地与香港资本市场互联互通机制（以下简称"互联互通机制"）的实施是人民币国际化和区域金融一体化进程中的重要里程碑，同时也是全球范围内的一次重大金融体制创新。与其他发展中国家或新兴经济体的金融开放政策有所不同，中国的金融开放与人民币国际化进程紧密相连，而互联互通机制正是以人民币作为结算货币并通过离岸金融基础设施建设实现跨境资本闭环管理的特殊机制，兼具"本币驱动"和"闭环监管"的中国特色。互联互通机制的横空出世，意味着中国金融治理将从"境内治理"逐步走向"跨境治理"。目前国内相关研究更多地关注互联互通机制与港股或内地 A 股市场的关联变化，较少有研究者同时从宏观的时代背景、中观的政策启示以及微观的市场分析三个层面深入地阐释这一机制的学术价值与现实意义[①]。本研究属于一个小范围的积极尝试，希望从上述三个层面帮助不同领域的研究者更为系统地理解互联互通机制。

互联互通机制包括用于二级股票市场交易的沪港通（2014 年

[①]　有关互联互通机制的文献回顾可参见 Z. Chen and X. Pan，"China's Pivot to Global Portfolio Investments through Index Inclusion：A New Chapter of Currency Internationalization"，*China：An International Journal*，2021，19（2）：67 – 87。

推出）和深港通（2016 年推出）以及用于中国政府主权债券和政策性债券市场交易的债券通（2017 年推出）。2014 年 4 月 10 日，中国证券监督管理委员会（下文简称"中国证监会"）和香港证券及期货事务监察委员会（下文简称"香港证监会"）发布联合公告，原则上批准沪港股票市场交易互联互通机制试点（下文简称"沪港通"）的开展，经过双方大概 6 个月的准备期后，两地投资者即可通过当地券商买卖对方交易所上市股票。作为互联互通机制的第一个试点计划，"沪港通"被认为是中国推进跨境资本市场建设、促进内地资本市场有序开放以及进一步加强人民币国际化的一个重要举措。联合公告也明确指出，以"沪港通"为代表的互联互通机制进一步强化了香港作为离岸人民币业务中心的地位，为资金在香港和内地双向流动搭建了新的桥梁，既增加了境外人民币的投资渠道，又提高了香港离岸人民币的流动性，对扩大人民币使用以及离岸市场建设都有助益。

从各种渠道的反馈信息可以看出，互联互通机制最为深远的意义在于其为人民币作为国际投资和储备货币提供了长期竞争力支持，加速了人民币国际化的历史进程。自 2009 年以来，人民币国际化已经取得了非常显著的进展，2016 年人民币也被纳入国际货币组织特别提款权（SDR）货币篮子。总体而言，人民币已经从过去的国际贸易结算货币逐步发展为国际投资和储备货币，并正在进一步朝国际金融交易货币方向演进。但也要认识到，经过若干年的快速发展，人民币已经不再保持过去十多年长期升值的趋势，跨境资本流动格局和管理重点都发生了明显变化。要使人民币作为国际货币被全球的投资者所接受，就需要市场效率高、流动性好的母国资本市场提供重要支撑。互联互通机制的建立，实际上等同于为境外人民币资金增开了一条帮助其流向内地 A 股市场的特殊渠道。从使用币种和投资方向上看，它所面向的投资者较之前的其他跨境投资计划更广，投资自主性也更强，有助于进一步丰富人民币投资品种、发挥人民币作为投资货币的吸引力。同时，互联互通机制也为境内投资者对外证券投资提供了渠道，而且整个过程由于采用人民币进行交易，扩大了人民币跨境使用和活跃了离岸人民币市场交易。

事实证明，国际投资者对于互联互通机制的认可度超越了过往的任何试验计划。2018 年 6 月 1 日，总部位于纽约的全球领先指数提供商 MSCI 将中国内地 A 股纳入其新兴市场指数[①]。基于这一新变化，在全球范围内跟踪该指数的投资基金和金融产品（管理总额超 2 万亿美元）被授权投资人民币计价的资产。在 A 股被纳入 MSCI 新兴市场指数这个具有里程碑意义的事件发生后的几个月内，其他一些在全球资本市场占有重要地位的指数也纷纷跟进，包括富时罗素的全球股票指数系列、彭博巴克莱的全球综合指数和摩根大通的新兴市场全球多元化指数[②]。简而言之，通过互联互通机制，中国内地 A 股得以顺利加入全球资本市场指数体系并获得国际主流投资机构的认可，进而使人民币计价的证券资产成为外国投资者的全球投资组合选项，获得了巨量的配置资金。

从已有的实践来看，互联互通机制作为前所未有的一次制度试验无疑是成功的，在促进内地资本市场有序开放的同时又推动了人民币国际化，可谓达到了"一举两得"的效果。但是，相比

---

① Reuters, "What is China's A-share MSCI Inclusion on June 1?", 31 May 2018, https://www. reuters. com/article/us-china-stocks-msci-explainer/what-is-chinas-a-share-msci-inclusion-on-june - 1 - idUSKCN1IW0N7.

② 有关全球资本市场指数以及指数纳入前后的变化，可参见本书中篇"互联互通的中国特色"第一章、第三章和第四章的内容或参见 Z. Chen and X. Pan, "China's Pivot to Global Portfolio Investments through Index Inclusion: A New Chapter of Currency Internationalization", China: An International Journal, 19（2）, 2021, pp. 67 - 87。

市场上的热烈反响，其在学术上的影响力仍有较大提升空间。这种反差也折射出一个更深层次的学术问题：互联互通机制虽然被国内学者形容为"金融开放"或"跨境治理"的代表性改革措施，但其创新模式却难以融入西方传统金融改革的理论框架。造成这种不兼容的原因是多方面的，其中一个影响因素来自中西方思维的差别。

回顾 20 世纪下半叶以来的全球化进程和金融改革经验，思维定式对于经济政策的理解和学术概念的应用都有着至关重要的影响。以金融开放的国际实践和常见术语为例，"私有化"（privatization）、"自由化"（liberalization）和"放松管制"（deregulation）无疑是使用频率最高的学术概念①。虽然这三个概念几乎适用于所有经济体的金融开放或金融改革，但"私有化"通常被用来描述"转型经济体"（transitional economies）的市场改革；发展中国家的经济改革则更多地被描述为"自由化"；而"放松管制"则主要被用于描述发达国家的金融改革。换言之，传统的主流经济学派认为，转型经济体的金融改革主题应该是"私有化"；发展中国家的金融市场应该走向"自由化"；而发达工业国家的金融市场则应该"放松管制"。

必须承认的是，被国内舆论视为金融开放重要举措的互联互通机制，与上述西方传统学术框架所描述的发展路径都有明显不

---

① 有关经济研究的传统学术概念与辩论可参见 S. Vogel, *Marketcraft: How Governments Make Markets Work*, New York: Oxford University Press, 2018; 更早期的讨论可参见 K. Polanyi, *The Great Transformation: The Political and Economic Origins of Our Time*, Boston: Beacon Press, 1944; J. Zysman, *Governments, Markets, and Growth: Finance and the Politics of Industrial Change*, Ithaca, N.Y.: Cornell University Press, 1983; D. Moss, *When All Else Fails: Government as the Ultimate Risk Manager*, Cambridge, MA: Harvard University Press, 2002; 关于学术修辞的讨论可参见 D. George, *The Rhetoric of the Right: Language Change and the Spread of the Market*, London and New York: Routledge, 2013。

同。这也引出了另外一个被广泛讨论的话题，即在西方根深蒂固的学术话语往往不适用于亚洲国家的改革，如果不加辨别地用西方传统学术框架分析中国的金融创新，很可能导致研究者错误地理解不同国家所面临的不同经济挑战以及各国所需要改革的制度。以发展中国家和新兴市场的金融开放过程为例，由于母国金融体系并未发展成熟，而本币也不具备成为国际货币的条件，因此与金融账户开放相关的跨境资金流动主要由国际货币（譬如美元）主导。虽然部分国家最后仍在某种程度上实现了金融开放，但外币主导的大规模跨境资金流动，对这些国家国内经济金融稳定产生了较大冲击或带来了风险隐患，在部分国家甚至引发了大规模经济动荡或金融危机，早年的东南亚国家以及近年的阿根廷都是典型的例子。中国内地的金融开放步伐尽管相对缓慢，但至今未发生过上述国家所出现的问题，这与金融管理部门始终坚持金融服务市场和境内资本市场的"有序开放"有莫大关系。从这个层面而言，互联互通机制无疑也是符合中国国情的金融开放措施。

如前所述，互联互通机制的推出实际上是中国特色社会主义金融治理从"境内治理"逐步走向"跨境治理"的一个重要标志。回顾大部分发展中国家和转型经济体的金融改革，从计划主导向市场主导过渡的经济体不仅需要在某些领域实现国有资产的私有化，还需要加强法治建设、公共管理、政府监管以及私营部门协调，并且要配备稳健的财政政策和良好的金融治理体制。发展中国家不仅需要降低贸易壁垒、清除资本流动障碍，以及减少监管和削减政府支出，还需要兼顾效率与公平，同时保障自由与法治的市场发展模式。但是，简单地使用"自由化"或"放松管制"等概念很容易引起误解，因为它们容易让人联想到从约束中解放出来的图景，描述的是一种相对"被动"的改革过程；而实际上市场发展需要更强的"治理"能力，即更为"主动"并且可以领导改革进程的综合能力，包括更为完善的"市场构建"（market construction）和"市场设计"（market design）能力。

这对于理解中国特色社会主义市场经济及其独特的金融体系尤为重要，即更中立且更准确的"市场治理"一词，可以在某种程度上代替"自由化"和"放松管制"等概念，并且有利于开展具体制度的比较研究，这种语言习惯上的简单变化可能有助于得出更精确的分析结论。以资本市场为例，推动资本市场发展需要加强交易所和交易制度等市场基础设施，同时强化有利于良性竞争和保护中小投资者的政府监管制度，增强政府与社会对资本市场的共同"治理"能力。事实上，在金融创新和金融改革领域，已经有越来越多的研究者开始使用"治理"一词（而非传统的"监管"），因为它更全面地表述了市场、政府和社会之间的互动关系，也囊括了私营部门治理活动以及政府部门监管活动。与金融治理主题相关的跨学科研究也受到重视，因为研究者在谈论金融市场改革的话题时不必局限于市场或政府的单一命题，有助于促进对政府行为和市场行为的交叉学科探索，不仅可以从公共治理领域拓展进入私人治理领域，也可以合二为一地进行创新性的综合分析。更为关键的是，"治理"一词还涵盖了"授权"与"约束"市场两层含义（而"监管"一词则更多地暗示着"约束"）。在实践中，"授权"或"赋权"对于市场的不断完善有着重要意义，代表了监管者善于运用激励机制并鼓励市场参与者（包括企业、个人和非营利组织等）共同推动市场发展。因此，在理解"授权"或"赋权"的层面，"治理"一词的包容性更强，更多的"市场治理"意味着政府更充分地尊重市场参与者的意愿，进而更好地落实"市场设计"和"市场构建"的内容。

　　正是基于上述理解，本研究更倾向于用"市场治理"的概念分析中国跨境资本市场的制度创新，因为互联互通机制本身就是"跨境市场设计"和"跨境市场构建"的过程。通过离岸人民币金融基础设施的建设和发展逐步实现跨境资本市场治理，这一过程并没有复制其他国家的"自由化"或"放松监管"等传统改革措施，而是利用了中国内地和香港已有的制度基础和竞争优势，配合国际投资者的偏好进行离岸金融基础设施的设计与构建，最终实现跨境金融治理。此外，在互联互通机制之下，跨境资金流动以人民币结算，国内系统性金融风险所带来的困扰可得到大幅度缓解。换言之，互联互通机制同时实现了"本币驱动"和"闭环监管"，可为跨境资本市场的监管治理带来更大的空间：一方面，大规模跨境资金流动的汇兑环节主要发生在离岸市场，将不会对在岸外汇市场产生直接冲击；另一方面，所有境外本币最终都必须在境内完成清算，本币结算资金的跨境流通不会导致国内货币供应总量的变化，因此可在真正意义上使得国内货币政策摆脱跨境资金流动和传统外汇管理的影响，大大增强货币政策独立性。从这个意义来说，兼具"本币驱动"和"闭环监管"特色的互联互通机制的实施既是人民币国际化过程中的一个里程碑，也是全球范围内金融开放和跨境资本治理的一次"教科书式"体制创新。

　　本书分为上、中、下三篇，分别聚焦互联互通机制的时代背景、政策启示和市场分析。上篇主要介绍金融开放的国际经验，从传统理论上解释金融开放与金融稳定乃至金融危机爆发之间的因果联系，并且从历史的角度回顾不同国家和地区的金融开放实践，尤其是《服务贸易总协定》及后续基于多边谈判框架建立的金融开放原则对于金融服务和资本市场的影响。中篇聚焦中国政府如何通过适度满足外国投资者对人民币国际化的新需求，实现离岸人民币投资基础设施的体制创新，深入分析了中国内地与香港资本市场互联互通机制对于金融开放和金融市场治理的政策启示。下篇主要论述自 2014 年互联互通机制实施以来中国内地、中国香港资本市场的历史发展和数据变化情况，以帮助研究者从历史背景、市场变化和技术数据等不同角度观察互联互通机制的运行效果，进而更为全面地理解互联互通机制对于内地市场和香港市场的影响。

上篇

篇

金融开放的国际经验

金融开放是跨境资本流动和跨境金融服务开展的先决条件，同时也为其他经济部门的跨境发展提供有力支撑。然而，作为国民经济支柱，金融业属于更为敏感和风险更高的行业，金融开放往往与一国经济稳定甚至政治安全息息相关，是现代国家制度改革和经济发展的一把"双刃剑"。金融业作为现代服务产业的重要组成部分和国家经济的命脉部门，其开放是全球经济自由化的一道重要关口。与传统的货物贸易或其他领域开放不同，金融服务以及资本市场的开放在理论上尽管可以提升一国资源配置的效率以及金融机构的竞争力，但同时也会对相关国家的金融稳定构成严重的威胁。这也恰恰是很多国家在金融开放问题上持谨慎态度的根本原因。事实上，金融开放与金融稳定乃至金融危机爆发之间的因果联系也一直是研究者所关注的焦点。《服务贸易总协定》以及随后的一些国际协议的签署从多边框架的角度建立起了有关金融开放的若干原则，但有关金融开放对于相关贸易和经济发展的具体影响，乃至金融开放对于一国金融稳定所带来的潜在冲击仍是一个充满争议的话题。

第一章 历史视角下的金融开放实践

　　按照世界贸易组织（WTO）的一般框架，服务业对外开放主要有四种模式，即商业存在、自然人移动、境外消费和跨境交付。从金融开放的角度来说，商业存在这种模式相对简单，主要涉及外资金融机构的市场准入；自然人移动这种模式在金融领域较为普遍，但整体而言规模较小；境外消费和跨境交付模式的金融开放相对复杂，不仅涉及市场、产品和交易的准入，还更多地涉及跨境资金流动以及资本和金融账户开放问题，同时也涉及相关的账户开立、资产托管、交易结算等基础设施安排，无论是宏观经济影响，还是行业和社会关注度都更为广泛和显著。因此在涉及后面两种模式的情况下，往往要开展双边或多边服务贸易谈判。1993 年 12 月，在经历了 8 年的漫长谈判后，关贸总协定乌拉圭回合谈判宣告结束，各成员正式缔结《服务贸易总协定》（General Agreement for Trade of Service，GATS）及其他一些相关重要文件。在此框架下，国际金融服务业开放进程得到进一步推动，各成员达成了一系列金融开放协议，包括 1995 年的关于 GATS 金融服务承诺的谅解协议以及 1997 年的全球金融服务贸易协议等，对于推动世界范围内的金融开放做出了更为明确的规定。根据 GATS 金融服务附件的定义，所谓的金融服务主要是指由参加服务贸易谈判方的国家和地区内部的服务供应商所提供的全部金融性服务，涵盖了信贷、结算、保险、资产管理、金融咨询以及证券与外汇交易六大类共计16项，几乎覆盖了目前金融范畴内的各项业务领域。

　　理论上看，金融开放实际上涉及了狭义上的金融服务贸易自由化与广义上的金融自由化。根据普遍定义，金融服务贸易自由化通常要求消除歧视性规定，即对国内外金融服务提供者在市场准入和商业存在方面做出定性与定量的规定[①]。金融服务壁垒的存在是导致跨境金融服务机构难以统一、妨碍国际金融市场一体化发展的重要原因[②]。金融服务壁垒涵盖了一切妨碍在他国设立和经营金融机构的因素，包括远距离管理与监督、语言、文化、货币、制度及监管的不同，以及对外国竞争者的限制，而 Mattoo 的研究则进一步指出，配额、需求测试及资格执照等要求与专业团体的内部规章也是构成此类壁垒的重要内容，这些因素都会影响一国实际的金融开放程度[③]。从更广泛的定义来看，金融开放相当于特定国家或区域的金融自由化，可以被理解为一个由经常账户自由化、资本账户自由化、审慎监管原则及其他国际标准与国内规制交织融合的复杂体系[④]。因此，金融开放不仅仅意味着金融服务贸易本身的自由化，同时也是建立一个多元化、高效率金融体系的关键环节[⑤]。

　　但从20世纪末以来的实践来看，由于金融业开放本身的巨大

---

①　W. Dobson, "Financial Services and International Trade Agreements: The Development Dimension", In *A Handbook of International Trade in Services*, 2007, pp. 289–334.

②　G. Undell, A. Berger and R. Young, "Efficiency Barriers to Consolidation of the European Financial Services Industry", *European Financial Management*, 7 (1), 2001.

③　A. Mattoo, "Developing Countries in the New Round of GATS Negotiations: Towards a Pro-Active Role", *The World Economy*, 23 (4), 2000.

④　A. Kireyev, "Liberalization of Trade in Financial Services and Financial Sector Stability", IMF Working Papers No. WP/02/138 and No. WP/02/139, 2002.

⑤　N. Tamirisa et al., "Trade Policy in Financial Services", IMF Working Papers No. 00/31, 2000.

影响和敏感性，以及 GATS 及相关协议等在金融开放方面过于原则化且欠缺操作层面的细节表述，世界各国在金融开放方面大多保持了谨慎的态度。从规则层面的努力来看，GATS 及相关协议基本上反映了服务贸易的特殊要求，其对于金融领域开放的一些相关规定和原则有助于推动金融服务贸易自由化乃至提高一国总体的贸易与投资开放程度。但是，早期的比较研究发现，尽管参加协议的国家数量不少，但这些国家承诺的开放程度却是十分有限的，每个国家的最终承诺都是各国在单方利益与未来可能通过议价在多部门谈判中获得的利益之间的权衡[①]。同时，尽管 GATS 目标与WTO 框架下往自由化方向发展的总体目标一致，但金融服务业开放的趋势却并未因此成形。例如，对 1995 年达成中期协议各成员的承诺和 1997 年最终 GATS 谈判结果进行比较，发现仅有 15 个成员的承诺水平有所提高；其中，关于对银行系统进行改革的承诺，所有成员在 1997 年的平均承诺水平实际上比 1995 年的中期协议承诺水平有所降低。同时，除了在金融领域开放方面表现出了审慎的态度，相当一部分国家的开放承诺在执行过程中也被打了一定的折扣，不少研究表明，大多数国家金融服务部门的实际开放程度和其在 GATS 框架下的承诺并不一致。

总体而言，各国在金融开放承诺以及具体执行方面的表现趋向保守，但从具体实践来看，不同类型的国家在对待金融开放的问题上也有一定差别。已有研究发现，越是拥有良好金融基础的国家，在金融开放的问题上表现得往往越谨慎[②]。通过比较 GATS

---

① A. Mattoo, "Financial Services and the WTO: Liberalization Commitments of the Developing and Transitional Economies", *The World Economy*, 23 (3), 2000.

② Qian Ying, "Financial Services Liberalization and GATS: Analysis of the Commitments under the General Agreement on Trade in Services at the World Trade Organization", The 2nd Annual Conference of PECC Finance Forum, 2003.

成员的发展程度与其承诺类型以及执行情况之间的关系，有研究
发现这些成员的经济发展水平与承诺执行程度之间呈现"弱相关"
的关系，很多拥有良好金融基础的国家只愿意开放很少的部分，
而金融服务部门欠发达的地区则愿意开放更多，亚洲的国家尤其
如此。这一结果也得到了关联研究的印证①，由此可认为 GATS 通
过商业存在模式引入竞争是失效的，较发达的成员也许是出于保
护自身已有机构利益的目的，希望从商业存在模式中撤销承诺的
相对较多。此外，在银行领域，东欧一些国家做出的承诺最多，
拉丁美洲国家次之，而在保险业领域，东欧和拉丁美洲也是做出
承诺最多的地区②。

　　由此可见，发达国家与发展中国家的开放承诺有着本质上的
差异。发达国家承诺的项目要比发展中国家更为复杂，相对于发
达国家而言，发展中国家在金融开放的过程中似乎更多地强调执
照的要求和公司的法规，或者要求外国公司在本国开展业务时在
当地设立子公司或分支机构，以便于进行审查、监管和控制③。同
时，发展中国家对于服务贸易中的商业存在模式（即传统意义上
的外商投资模式）也表现出不同的态度。实证研究表明，在一些
市场准入承诺当中，许多欠发达国家只允许外国公司入股国内市
场中已经存在的参与者，却不允许外国公司以新建的方式同当地
企业进行竞争。同时出于对不受限制的资本流动所带来的冲击的
担忧，欠发达国家通常也不愿在跨境竞争方面做出承诺④。这表明

---

① Qian Ying, "Financial Services Liberalization and GATS: Analysis of the Commitments under the General Agreement on Trade in Services at the World Trade Organization", The 2^(nd) Annual Conference of PECC Finance Forum, 2003.

② F. Moshirian, "Financial Services: Global Perspectives", *Journal of Banking and Finance*, 28 (2), 2004.

③ J. Gillespie, "Financial Services Liberalization in the WTO", WTO Working Paper, 2000.

④ Ibid.

在发展中国家的眼中，所谓金融服务谅解的作用主要是把外国资本引入国内机构，而不是增加本地市场竞争。对于这一问题，Harms、Mattoo 和 Schuknecht 的研究结合三个因素分析了不同国家在执行承诺方面存在差异的原因①。首先，由于自由化程度的提升会提高国内工人的获利，因此金融自由化的承诺会与该国金融服务部门的发展程度及国内工会力量存在正相关的关系；其次，一个国家对未来跨部门的让步和许可承诺会影响现在的贸易保护政策的制定；最后，由于政府部门做出的自由化的决定会影响经济环境，因此政府部门对于宏观经济的稳定性和审慎监管质量的考虑也会影响该国金融自由化承诺的水平。

---

① P. Harms, A. Mattoo and L. Schuknecht, "Explaining Liberalization Commitments in Financial Services Trade", World Bank Policy Research Working Paper, No. 2999, 2003.

第二章　金融开放与资本流动风险

尽管金融开放可以在一定程度上提升相关国家金融产业的效率与竞争力，并且可以为贸易与投资的进一步开放提供必要的支持，但金融开放及随之而来的资本跨境流动障碍的消除也可能会对一国原有的金融环境和经济环境形成巨大的冲击，甚至威胁到该国的金融稳定和经济安全。从理论上而言，金融开放也可能通过促进监管体制的完善和国内金融机构效率的提升来增强金融系统的稳定性，但对于很多新兴的发展中国家而言，其薄弱的金融体制及金融机构相对低下的竞争能力极有可能使其在开放本国金融领域的过程中面临巨大的资本泡沫甚至金融危机的考验，这种危机可能导致的损失甚至会远超出其从金融开放过程中所获得的利益，而这其实也正是很多国家在金融开放方面犹豫不决的根本原因。因此，在明确金融开放对服务贸易的支撑和促进作用的基础上，进一步深入剖析金融开放对金融稳定的影响及由此带来的利益和风险，也就成为辩证分析金融开放本身的利弊以及合理制定金融开放战略的重要前提。

从历史经验来看，金融开放对于一国金融稳定的负面影响主要源自无障碍的跨境资本流动，以及由此带来的资本流动冲击和宏观经济政策操作空间的萎缩。跨境资本流动会对金融系统的稳定性产生冲击，根本的原因在于金融活动的自由化会在相当程度上破除资本要素跨国流动的壁垒，并由此加速大规模资金的跨境自由流动，因此相关国家在金融开放的过程中要承受较封闭状态下更大规模的资本冲击。当一国的金融体系无法有效地平抑和消化这种巨量的资本波动时，便极有可能引发系统性风险的堆积甚至造成金融体系的崩溃。

特别是对于发展中国家而言，这种资本流动冲击所带来的负面影响可能尤为显著。对于新兴经济体或发展中国家而言，由于其本身相对于发达国家体现出更强的人力资源和资本要素的稀缺性，其资本回报率会明显地高于相对成熟的发达经济体，同时很多新兴经济体在经济起步阶段所表现出的高增长率也使得它们的资产升值幅度更为可观。这种双重回报率的差异显然会对资本流动产生重要的影响，并使得发达国家的资本在金融开放和资本跨境流动障碍消除的条件下向新兴经济体或发展中国家汇集，并由此导致新兴经济体或发展中国家境内资金的短期堆积。应当承认，外部资金的注入可以在相当程度上缓解发展中国家资本不足的困境，甚至成为很多发展中国家经济崛起的有效助力。然而如果这种资本流入的规模过大，或者发展中国家本身的经济基础、技术能力乃至金融体系过于羸弱，以至于无法有效地消化和吸收由金融开放带来的巨量资本流入，则极有可能使这些国家形成资产泡沫，甚至有可能因此造成系统性金融风险的积聚。具体来看，由金融开放所引发的资本流动冲击至少可以从如下几个方面对一国的金融稳定构成威胁。

一　信贷市场波动与银行系统风险

大部分发展中国家包括亚洲的一些新兴市场经济体并不具备

发达的国内资本市场，因此银行在大多数情况下扮演了垄断性的金融中介角色并且主导了投融资市场。在这一背景下，很多来自境外的资本，无论最初以何种形式呈现，最终都会以各种直接或间接的方式流入东道国当地的银行体系当中。尤为重要的是，银行业的开放本身也是金融开放和金融服务贸易自由化的核心之一，因此在金融开放的语境下，外资银行的进入本身也是东道国金融体系发生变化的重要方面。外部金融机构以及大规模资金的进入极有可能对东道国当地的信贷规模与稳定性产生影响，并在特定条件下引发相应的银行系统风险。

境外商业银行的进入是金融开放的重要方面之一，也有相当一部分学者对此持有更为积极的观点，认为外资银行的进入有助于增进东道国信贷活动的稳定性①，其原因可以概括为以下几个方面。首先，外资银行不仅可以凭借更为先进的风险管理程序、更具透明性的决策程序来缓解自身面临的信息不对称与激励扭曲问题，而且可以通过东道国市场的竞争与模仿效应将这些优势溢出到东道国银行；其次，对于身处东道国的外资银行分支机构而言，其信贷活动会同时受到东道国与母国的监管与调控；再次，新兴市场国家金融市场不完善，银行的经营活动经常会受到行政干预、社会关系以及行贿和欺诈等负面因素的影响，相比之下，外资银行出于维持其国际声誉的考虑较少受上述因素影响，因此更有利于维持金融市场的稳定；最后，外资银行相对于东道国银行更高的资本充足率也在很大程度上提升了其抵御风险的能力，即便遭遇东道国经济衰退的冲击也不会因资金的问题而减少市场上的信

---

① G. Alicia and D. Navia, "Foreign Banks and Financial Stability in the New Europe", In D. Masciandaro eds., *Financial Intermediation in the New Europe: Banks, Markets and Regulation in EU Accession Countries*, Edward Elgar Publishing Inc., 2004, pp. 208 – 224.

贷供给。此外，国际金融机构在发展中国家所设立的分支部门可以在有资金需求的情况下向总部求助，而对于这些跨国银行而言，其总部往往要比东道国国内的金融机构具有更为多元化的国际化资产组合，收益受特定国家经济冲击的影响较小，同时也更易于在全球金融市场中获得融资，因此具有重组的能力并可为海外分支机构提供必要的资金支持。

然而在有外资银行参与的情况下，东道国银行业自身的信贷规模稳定性也就成为另一个关系到东道国银行体系安全和金融稳定的问题。对于此问题，一些基于国际银行多元化地理分布特征开展的研究认为，虽然国际银行的跨区域分布有利于其自身风险的化解和稳定性的增强，但从东道国角度来看，这种开放及伴随而来的境外银行进驻可能会引起东道国金融市场信贷波动的增加。尽管从理论上而言，银行系统的开放和外资银行的注入可能对于平抑一国的信贷波动能够产生一定的积极效果，但对于很多发展中国家而言，一个不容忽视的重要问题在于，高成长预期和高回报率的存在会使其在金融开放条件下获得大量的外部资本注入，而在银行在国内金融体系中居主导地位的情况下，相当部分资金会进入银行领域，这无疑会导致银行体系的可贷资金大规模增加并因此引发相应的系统性风险。比如据国际清算银行的统计，在亚洲金融危机爆发前，由于外国资本的大量流入，亚洲新兴经济体的银行对私人部门的信贷规模占当地 GDP 的比重几乎全都上升了一倍以上，甚至有个别的国家（如印度尼西亚）的扩张幅度高达 6 倍。在银行系统中的可贷资金规模急剧增加的背景下，信贷规模的盲目扩张势必会导致一部分资金流入一些利润不高或信用等级欠佳的借款者手中，由此造成银行系统资产质量的整体下滑并带来信用风险的累积①。更为重要的是，在实体经济部门难以产生足够的信贷需求或提供足够的赢利能力以充分消化这些扩张的信贷额度的情况下，信贷扩张往往会进一步向少数部门或领域集中。比如在亚洲金融危机爆发之前，泰国的商业银行曾经将近30%的贷款投向当地的房地产领域，而一旦这些集中了大量信贷资金的行业遭遇逆转性的经济冲击，便有可能引起大面积的不良贷款与呆坏账，甚至由此触发整个银行体系的危机②。

二　资本市场泡沫与经济虚拟化

除信贷膨胀导致银行体系的信用风险累积之外，过量的资本注入也会在相当程度上加剧资本市场的虚拟化和泡沫化，并形成更为广泛的金融风险积聚。在金融开放和跨境资本流动阻碍消除的背景下，新兴经济体或发展中国家的资本升值预期和超高资本回报率将吸引海量的国际资本和短期资金流入。根据国际货币基金组织统计数据，在亚洲金融危机爆发前的三年间，曾有45%以上的全球私人资本流入亚洲国家。仅1996年，流入亚洲国家的私人资本总额便超过千亿美元。巨量的资金流入不仅渗透到相关国家的银行系统当中，还渗透到包括不动产和有价证券等在内的各类资产中，由此在相当程度上推动了资产价格的过度膨胀。

资产价格的迅速攀升无疑会进一步强化资产升值的预期，而这种超高的升值预期显然是任何一种实体经济的回报率都无法企及的。特别是对于绝大多数发展中国家而言，由于技术力量羸弱和创新能力匮乏，它们实际上并不具有长期条件下持续扩张生产

---

① 陈建安：《外国直接投资与东南亚金融危机》，《世界经济文汇》2000年第1期，第31～36页；张斌：《百年来国外主要经济金融危机分析》，《中国金融》2007年第19期，第54～55页。

② 张来明、张瑾：《亚洲金融危机回顾与思考》，《中国经济时报》2022年8月18日。

能力和赢利能力的基础，由此进一步扩大了实体经济的回报率与虚拟资产投资回报率之间的差距。在这种市场回报差异的引导之下，更多的资金会向少数证券市场和房地产市场等高风险领域集中，并推动这些市场的价格与规模的急剧扩张，在导致经济"脱实就虚"的同时也加剧了资产价格泡沫的堆积。例如，亚洲金融危机爆发之前，泰国大部分外债和外商直接投资的 1/3 被用于房地产投资，韩国与东盟四国的房地产价格以年均 20% 以上的速度增长，远超欧美等国家和地区年均 10% 的增速。此外，在金融服务贸易自由化的推动下，由于各国金融市场之间的阻隔被消除，国际金融创新得到了极大的发展，新型的金融产品与金融工具不断涌现，在促进国际金融活动发展的同时也为国际金融投机活动提供了充足的空间与更多的工具，进一步加剧了金融活动与实体经济发展之间的背离，经济的虚拟化程度与金融泡沫规模也出现了迅速的扩张①。

过度扩张的虚拟经济和迅速膨胀的金融泡沫会在相当程度上加剧经济与金融体系的脆弱性。在大部分资金逃离实体产业而涌向虚拟经济领域时，整个社会价值和财富的创造体系已经瘫痪，而资产价格的上涨与对资产泡沫的维系也变成了依赖新的境外资金不断注入的"庞氏骗局"。一旦经济政策或市场基本面出现变化，引起资产升值预期的逆转，资产泡沫便将不可避免地破灭，整个金融系统乃至宏观经济和社会民生也将被拖入深层次的危机之中。这种虚拟经济与资产泡沫破灭具有历史必然性。货币与资产可转换为实物商品的信念是金融体系稳定的基础，一旦这一信念被动摇，整个金融体系便将随之土崩瓦解。对于那些建立在不

---

① 黄景贵：《东南亚金融危机及其对发展中国家的启示》，《海南大学学报》1999 年第 2 期，第 6 页。

断膨胀的虚拟经济以及不断萎缩的实体经济基础上的金融体系而言，要免遭资产泡沫破裂的厄运，就需要不断地通过吸纳最底层的物质生产和财富来持续弥补顶层泡沫的不断扩张，这种泡沫经济本身就是"倒金字塔"式的脆弱系统①。在庞大的债务压力与虚拟资本的不断吸取与侵蚀之下，实体经济的发展会陷入日渐萎缩和停顿的境地并最终被消耗殆尽而无力维持庞大的金融泡沫，此时"倒金字塔"式的金融模式崩溃将不可避免地发生。

三 证券市场投机与短期风险扩散

广义上的金融开放不仅包括传统意义上银行、保险等金融行业对外资的市场准入，也包含证券、股票等资本市场的对外开放，即允许境外资本自由进出国内的各类资本市场。因此，在更高层次的金融开放条件下，势必会出现境外资金大规模流入国内证券市场的局面。尽管从理论上看，这种境外证券资本的大规模流入对于促进国内资本市场的发育和完善、开拓新的国内融资渠道、降低融资成本、减少对间接融资和国际贷款的过度依赖等能够起到一定程度的积极作用，但由于此类资金大都属于短期投资，并具有极高的流动性，其大规模的进出极易对一国金融体系形成强烈的外部冲击，甚至由此动摇一国金融体系的稳定。

从现实角度来看，这种由证券市场开放带来的短期资本流动冲击对于发展中国家金融稳定的影响主要体现在如下几个方面。

首先，发展中国家的证券市场的基础设施通常并不完善，法律规范和相关配套制度也并不健全。但是在国内资金匮乏急需吸纳境外资金的情况下，很多新兴经济体或发展中国家往往会放松

---

① 乔纳森·特南鲍姆、汪利娜：《世界金融与经济秩序的全面大危机：金融艾滋病》，《经济学动态》1995年第11期。

对境外资本流入的监管。这种放任外资自由进入证券市场的做法极易导致外资流入结构方面的失衡，即出于套利动机的短期投机资本在流入的全部外资中占有更高的比例。这些短期资本通常具有极高的流动性，并且对政策和市场环境因素的变化极其敏感，往往会因为有利的投资机会而大规模涌入，但在经济出现短期波动的情况下会立即出逃，导致产业资金链断裂。

其次，发展中国家的金融证券市场规模相比发达国家要更小，境外资本在整体投资中所占的比例往往会相对较高，在金融和资本账户完全开放并且对境外资本或证券投资不加任何限制的情况下，境外资本的流入与流出对相关国家资本市场的冲击将被放大。这种短期境外资本的大幅度流入或流出极易造成国内资本市场的动荡，加剧其波动性和内在风险，甚至在极端情况下成为引爆金融危机的导火索。

最后，对于发展中国家特别是新兴市场经济体而言，其金融领域通常存在着严重的信息不对称与激励扭曲问题。在缺乏有效的市场信息的情况下，投资者对市场的认知与判断将会极不稳定，并且无法与经济的基本面实现良好的对接。尤为严重的是，这些被大量歪曲与扭曲的信息也极易触发投资者间的"羊群效应"，致使境外资本在流动过程中常常呈现迅疾的大进大出。在金融自由化与资本账户开放的情况下，这些突发的大规模资金的流入与撤出将变得毫无障碍，由此会对相关国家的流动资金、金融市场乃至整个金融体系的稳定与安全形成剧烈的冲击。

以证券投资活动为代表的短期跨境资金的流入与退出，不仅会对东道国，特别是金融体系原本就脆弱的发展中国家境内资本市场造成巨大的冲击并加剧整个金融系统的不稳定性，还会借由全球金融市场一体化程度的不断加深而加剧相关金融结构失衡的扩散与传递效应。在各国之间经济与金融联系日趋紧密、金融市场逐渐融合的情况下，无论是跨境资本流动的增加还是信息传播渠道与速度的扩展，以及局部地区发生的金融动荡与恐慌都极易在区域间乃至全球范围内迅速地传播和扩散，甚至演化为全球性的金融危机。尤其是对于一些新兴市场经济体而言，贸然开放金融领域将会导致其暴露于全球金融风险之下。发达国家金融市场与经济活动的略微波动都可能使新兴市场经济体的金融市场产生剧烈波动与震荡，进而加剧新兴市场经济体本土金融体系的不稳定性。

第三章 金融开放与宏观调控政策

从开放条件下的宏观经济理论来看，金融开放与资本自由流动所引申出来的一个影响就是使一个国家宏观经济政策空间丧失，这会导致相关国家失去主动平抑外部冲击与经济波动的能力，客观上也会加剧经济与金融的动荡与风险。

一 宏观调控政策的"不可能三角"

金融开放与自由化的趋势加快了各国金融市场的融合与资本账户开放的步伐，并由此促进了资本要素的跨境自由流动。然而根据开放条件下的宏观经济理论，在一国实现完全意义上的资本账户开放和资本要素的跨境自由流动时，该国也将同时面临货币政策的独立性、国际收支平衡和维持汇率稳定三个宏观政策目标之间的取舍。这就是美国著名经济学家罗伯特·蒙代尔和马库斯·弗莱明在20世纪60年代所提出的"不可能三角"理论的核心内容①。

在"不可能三角"理论看来，任何一个国家的政府部门最多

① R. A. Mundell, "Capital Mobility and Stabilization Policy under Fixed and Flexible Exchange Rates", *The Canadian Journal of Economics and Political Science*, 29 (4), 1963, pp. 475 – 485; J. Marcus Fleming, "Domestic Financial Policies under Fixed and under Floating Exchange Rates", *International Monetary Fund Staff Papers*, 9 (3), 1962, pp. 369 – 380.

只能在完全意义上的资本自由流动、独立货币政策和维持汇率稳定这三个宏观经济目标中选择两个来加以实现。比如，在追求完全的资本自由流动的情况下，如果一个国家要保持其货币政策的独立性，则势必要放弃固定汇率制度以及相应的稳定汇率的政策目标，并选择自由浮动的汇率制度；而如果要维护汇率的稳定或保持固定汇率制度，则只能放弃货币政策的独立性。而如果选择维护货币政策的独立性，则只能在维持汇率稳定和保证资本的完全自由流动两个目标之间进行取舍。其中的关键之处在于，上述三个政策目标无法同时得以实现。

之所以会产生这样的政策困局，原因是多方面的。一国政府或货币管理机构想要维持汇率稳定，则必须对资本项目实施严格的管制，否则因货币政策引起的利率变化将会引发国际资本的流入或流出，最终完全抵消货币政策的作用。这也同时证明了在保证资本自由流动和汇率稳定的前提下，货币政策必将丧失其应有的独立性。同理，如果一国政府或货币管理机构试图在保证资本自由流动的前提下保持货币政策的独立性和有效性，则势必要放弃汇率的稳定性，否则在资本自由流动的前提下，相关货币政策变动引起的利率变化所诱发的国际资本流动也势必会改变本国货币的汇率水平。

罗伯特·蒙代尔和马库斯·弗莱明提出的"不可能三角"模型有力地解释了金融自由化条件下货币政策的独立性与汇率的稳定性目标之间所存在的冲突。特别是在金融开放程度不断加深、资本跨境流动日益频繁的情况下，想要同时维持货币政策的独立性和汇率稳定性的努力将变得越来越困难。从历史经验来看，20世纪90年代的欧洲货币危机、墨西哥货币危机以及亚洲金融危机中的泰国货币危机都为这种政策目标的冲突与协调的困难提供了研究案例。自布雷顿森林体系崩溃以来，世界范围内所有国家或地区的金融发展模式都可以由"不可能三角"理论所构建的解释框架来加以说明。

比较而言，发达国家在金融自由化进程中可以使用的政策工具更多，回旋余地也更大。例如亚洲部分国家和美国都采取了推动金融自由化的金融政策和目标体系，但美国因为自身金融体系健全和美元霸权的存在而避免了金融危机发生所带来的致命冲击，而推动金融自由化的亚洲国家由于在金融体系并不完善的情况下贸然采取了放任资本流动的过度开放措施，受金融危机影响较重。因此，对于金融市场并不完善的国家而言，使资本项目保持一定程度的封闭可能是一种更为恰当的选择。

二　汇率政策限制

根据"不可能三角"理论，如果一国在金融开放和资本自由流动的情况下仍然试图掌握货币政策的自主权，那么其势必要放弃稳定的汇率，转而采取自由浮动的汇率制度。在商品和资本自由流动的冲击之下，该国将面临频繁和剧烈的汇率波动，并使得经济面临较大的汇率风险。尤为重要的是，在资本可自由流动的情况下，这种频繁波动的汇率本身就是一个充满套利与投机机会的领域，会导致资本在汇率升值和贬值预期的驱使之下频繁地进入和退出该国金融市场，这无疑会进一步加大该国资产价格的不稳定性和波动幅度，使得金融体系中蕴含的风险进一步加剧，甚至有可能刺破相关国家资产价格泡沫、引发系统性金融危机和货币危机。

相对而言，如果一国不愿意在金融开放和掌握货币政策自主权的情况下放弃对汇率的干预，则可能无法有效地实现内外部经济的平衡，特别是国际收支的平衡，而这种不平衡程度的积累和加剧最终也可能引发金融危机和金融系统崩塌。

从本质来看，金融领域的开放和自由化措施对发达国家与发展中国家所产生的影响可能并不对等，可能在带来发达国家国际收支改善的同时造成发展中国家国际收支的恶化。对于那些金融体系发展相对滞后、金融机构国际竞争力不足、国际化水平偏低的发展中国家而言，其势必将在国际金融服务贸易中处于不利的地位；相反，发达国家则完全可以凭借其完善的金融体系、丰富的国际化经营经验以及更高的技术能力与创新能力在金融服务领域树立强大的比较优势。在这种情况下，如果金融服务贸易实现自由化和充分的开放，不仅会导致广大发展中国家金融服务贸易的进口规模大幅增加，也会使这些国家本土的金融机构直面外资金融机构所带来的竞争，甚至导致国内大量效率低下和技术能力不足的金融机构退出市场，国内的金融市场为外资金融机构所占有，从而进一步强化发展中国家在国际金融服务贸易中的不利地位。尤为重要的是，对于很多发展中国家的金融企业与金融机构而言，其要在技术能力与管理能力先天不足的情况下提升自身的竞争力，重塑自身在金融领域的比较优势和竞争力，可能需要相当长时间的学习和积累。而在金融开放的条件下，这些发展中国家的金融企业和金融机构可能根本没有有效的学习与成长时间。这也意味着大多数发展中国家和发达国家之间的贸易逆差及在金融业竞争力方面同发达国家之间的差距可能会随着时间的推移而不断累积和加大。

尽管金融服务贸易的自由化容易导致发展中国家因缺乏金融领域竞争力而面临经常项目失衡的压力，但在资本可自由流动的情况下，如果一国能够维持良好的经济发展前景与市场预期，其仍然可以通过吸引境外资本的流入来实现资本账户的盈余并以此弥补因服务贸易开放产生的经常项目逆差。然而需要指出的是，如果资本账户的开放使得相关国家出现了过量的资本注入甚至引发了如前文所述的资本堆积，也同样会对相关国家的国际收支形成额外的压力。一方面，过量的外资注入会导致东道国境内的资金供给变得相对宽松，由此带来的低利率和信贷的扩张可能会导致东道国的需求超过潜在的供给能力而出现经济过热的风险。因需求过度引发的进口增加也会进一步增加发展中国家的经常项目逆差。另一方面，过量的国际资本流入所引起的外汇供给过剩和本币需求加剧在货币管理部门维持汇率的政策干预之下会演变成以外汇占款为核心的基础货币扩张和本币供应量飙升，而由此带来的国内产品与服务价格的上升会大幅度地削弱该国产品出口的国际竞争力，也会给该国经常项目和国际收支平衡带来更大的压力。在亚洲金融危机爆发之前，很多东南亚国家和地区的状况便为此提供了有力佐证。

尤为重要的是，金融服务贸易的开放和金融自由化程度的增加不仅会导致国际收支不平衡的加剧，甚至会导致相关国家在国际收支调节方面丧失主动权。尽管从理论上看，在金融开放的条件下，各国可以更方便地从国际金融市场上获得融资来帮助其实现国际收支的平衡，由此增加了相关国家调节国际收支的手段与渠道，但这种调节可能仍只限于短期内的改善。从长期看来，相关国家对于经常项目失衡的调节还需要落实到本国政策措施以及经济项目的自身平衡方面。金融开放与国际金融市场的迅速发展虽然为相关国家通过国际市场融资来弥补国际收支失衡提供了可能，但也由此增大了这些国家对于外部融资的依赖。这种由金融开放和对外部融资的依赖所导致的对长期国际收支失衡的漠视与放任会引起潜在金融风险与不稳定性的积聚，甚至在达到一定程度后会对一国的国际收支体系和金融系统产生严重的破坏性冲击。一方面，国际资本，特别是短期国际资本稳定性极差，并具有典型的顺周期特征。在东道国经济发展前景和预期较好时，东道国一般会较为容易地从国际市场上融入大量的资金，但对于经济发展形势良好的东道国而言，其对于资金的需求可能不会十分迫切；而一旦东道国出现了经济形势或者市场预期的逆转，其不仅会面临国内资本恐慌性的撤离与外逃，而且很难从国际资本市场上获得足够的融资支持来渡过难关，国际收支的失衡状况会进一步恶化，甚至会因为国内经济流动性的丧失导致经济社会陷入动荡与危机，进一步破坏国际收支均衡的长期基础。另一方面，在一国政府可以顺利地从国际金融市场上融入资金来应对其所面临的国际收支失衡问题时，其由于失去了国际收支失衡所带来的紧迫压力，通常不会再有足够的动力去推进相关领域的改革，错过实现国内政策调整的最佳时期，甚至彻底丧失从根本上解决国际收支失衡问题的可能性，进而任由债务矛盾长期累积，并最终引发全面的国际收支危机乃至金融体系的危机。事实上，无论是20世纪80年代爆发的拉美债务危机还是90年代爆发的东南亚与俄罗斯金融危机，乃至近年来所出现的欧洲国家主权债务危机，都是这种因过度依赖外部融资而导致自身国际收支乃至金融系统崩溃的现实例证。

三 货币政策限制

如果相关国家试图在金融开放的环境下继续维持汇率的稳定和国际收支的平衡，则不可避免地要放弃货币政策的自主性和独立性，这可能会使得这些国家在宏观经济政策的选择方面变得"捉襟见肘"，甚至使其无法主动地应对由周期性因素和外部冲击引发的国内经济波动，进而导致其在经济和金融系统稳定性方面面临更为严峻的威胁。

具体而言，金融开放对各国宏观调控能力的削弱主要体现在以下几个方面。首先，从"不可能三角"理论来看，由金融开放所引发的资本自由流动会对一国货币政策的自由度产生一定的制约，并通过影响货币政策的实施效率来对该国的货币政策制定形成干扰，在极端情况下甚至会导致该国丧失货币政策制定的自主权。

其次，金融领域的自由化与开放也加深了各国经济金融活动与金融市场之间的联系，并极大地增强了全球经济金融发展的整体性。在这样的背景下，任何一个国家的货币政策乃至相关的金融政策都已经不再是一个仅在自身主权范围内的内部问题，而越发成为涉及全球经济与金融秩序的复杂体系的一部分。在这个体系当中，任何一个参与其中的国家，其货币政策与金融政策都可能会对全球其他地区产生牵一发而动全身的影响，同时也势必受到越来越复杂的外部因素的制约，由此导致其宏观政策的自主性与独立性面临极大的约束。货币政策的"溢出与溢入"效应在某种程度上正是这种国家之间政策干扰的具体体现。在"溢出与溢入"效应下，国内的货币政策操作的具体效果会因为国际资本的跨境自由流动以及国外货币政策的干扰与波及而无法达到预期的效果，甚至会偏离初始的政策目标。比如，当一个国家的货币管理部门试图通过扩张性的货币政策增加国内的流动性时，相关的政策操作必将带来国内利率水平的下降并由此扩大国内外金融市场上的利率差异，而由此带来的货币资金外流及国内流动性的抽离会使扩张货币供应量的初衷沦为空谈。20 世纪 90 年代泰国和日本的情况便是典型例证：1997 年泰国金融危机爆发前夕，为了遏制不断增长的虚拟经济泡沫，泰国采取了提高利率的政策，但在未施加资本流动限制的情况下，相关措施反而进一步刺激了外资的流入并导致了流动性的进一步扩张；而日本在其经济泡沫被刺破之后，也曾出于刺激国内投资、提振经济增长的考虑采取了低利率的政策，但却由此导致大批日本居民和企业将资金转移至欧美国家，最终也未能顺利实现其宽松货币政策的初衷。

再次，金融开放与相关服务贸易领域的自由化也会进一步削弱各国政府和货币管理部门对金融市场的调控和干预能力。金融市场的开放、金融服务贸易自由化的发展以及由此带来的资本管制的放松尽管能够极大地促进国际金融交易的发展，但也会造成投机性交易的迅速增加，引发金融市场交易规模的急速膨胀。这种庞大的国际金融交易规模不仅会大幅增加国际金融体系内在的脆弱性和不稳定性，而且对有关的监管与调控会产生"尾大不掉"的影响。面对如此规模庞大且自由度极高的国际金融交易，特别是离岸金融市场交易，任何一个国家的政府或货币管理部门事实上都无法取得体量上的对等地位并单独实现对其的干预与调节，甚至多国货币管理部门的联合干预也难以取得预期的效果。

最后，金融服务贸易的开放与发展也为国际金融活动的参与者提供了更多用于规避相关国家货币政策监管与控制的工具与渠道，进一步降低了这些国家货币政策的实施效率；而在金融服务贸易自由化的情况下，货币与资本国际流动程度的加深也会使一国货币管理部门难以精确地把握国内货币与金融规模的总量信息，不利于其精准制定货币政策。此外，由金融服务贸易开放所带来的金融创新增强了各类金融产品之间的可替代性，对于货币管理部门而言，其监管难度也会大幅上升，所有这些都会导致相关国家货币政策的回旋余地被进一步压缩，并进而影响货币政策的独立性与效果。

第四章　金融开放与本地市场竞争

尽管金融开放及由此带来的金融服务贸易与外资准入的增加会在一定程度上提高东道国金融市场和金融机构的效率与竞争力，甚至由此提升东道国金融体系整体的抗风险能力和稳定性，但作为一把"双刃剑"，金融开放带来的竞争加剧如果超出东道国金融体系自身的承受能力，则也有可能对东道国金融市场和金融机构的效率产生负面影响，甚至演变成为导致东道国金融系统不稳定的因素。

一些学者首先从理论层面出发论证了金融开放与本地银行效率损失之间的关系。在这些研究看来，金融开放带来的外资准入似乎并不必然带来东道国相关金融机构的效率提升。比如，由于发达国家的国内银行在技术能力与管理能力方面与外资银行之间的差距并不明显，因此在这些国家中，外资银行的进入自然也不太可能会通过补充效应引发这些国家银行业的绩效改善。诺贝尔经济学奖得主斯蒂格利茨曾指出，外资银行的进入会带来国内银行、企业和政府潜在成本的增加，国内银行体系的效率提升会因此面临一定的压力，同时由于直面具有良好商誉和技术能力的国际性商业银行所带来的竞争，国内本土的商业银行业势必要负担更多的成本支出，国内商业银行的整体绩效甚至会因为外资银行的进入而出现下滑。[①] 基于技术溢出理论的研究则认为，外资银行对国内金融体系的技术溢出程度在很大程度上取决于东道国当地银行自身的学习能力与消化吸收能力，因此这种技术的溢出并不是外资银行进入所能够带来的必然结果。[②] 或者说，外资银行的进入可能会通过抑制竞争而导致国内银行的效率降低，在经济转轨过程中，单纯的外资银行引进措施对于银行业整体效率的提升作用可能会十分有限。[③] 此外，有研究表明，外资银行本身所具有的竞争力优势会使其在选择客户方面居于明显的有利地位，并通过"掐尖效应"将赢利能力强、财务状况良好的客户纳入旗下，由此给本地的商业银行的赢利能力、资产质量与流动性带来显著的负面冲击。[④]

上述理论分析表明，如果东道国的金融体系发育不健全，不具有足以逼迫外资金融机构进行技术转移的竞争压力和吸收能力，或者在国内相关制度安排方面存在不利于国内企业动力和活力释放的体制性桎梏，外资金融机构进入带来的竞争压力将无法有效地带动东道国金融机构的效率提升，甚至可能进一步恶化国内金融机构的效率与生存空间。而这种情况在发展中国家应当是更为常见的。事实上，有关于此的研究也确实在很多发展中国家，特别是拉美国家与经济转轨国家得到了证实。在针对阿根廷、哥伦比亚以及中东欧转型经济体的研究中都曾发现外资银行进入引发

---

① J. Stiglitz, "The Role of the State in Financial Market", *World Bank Annual Conference on Development Economics*, 1993, pp. 19 – 52.

② A. Glass and K. Saggi, "Intellectual Property Rights and Foreign Direct Investment", *Journal of International Economics*, 56 (1), 2002.

③ C. Gabriella, "Incentive-based Lending Capacity, Competition and Regulation in Banking", *Journal of Financial Intermediation*, 10 (1), 2001.

④ A. N. Berger et al., "Bank Ownership and Efficiency in China: What will Happen in the World's Largest Nation?", *Journal of Banking and Finance*, 33 (1), 2009; G. Clarke et al., "Foreign Bank Entry: Experience, Implications for Developing Economies and Agenda for Further Research", *The World Bank Research Observer*, 18, 2003.

当地银行绩效滑坡的现象。[1] 而从引发此类负面效应的原因来看，不少学者的研究均将其归因于外资银行进入带来国内银行业的恶性竞争及由此导致国内银行生存空间被压缩[2]。在很多国内金融体系并不完善的发展中国家，外资银行进入后，其会凭借良好的商誉和优质高效的服务将东道国市场中最具获利潜力和风险最低的客户"揽入怀中"，而将那些赢利能力欠缺、风险高企的劣质客户留给本土的金融机构，由此势必造成东道国本土银行绩效的下滑[3]。针对韩国以及中东欧转轨经济国家的一系列研究均证实了这种"掐尖效应"的存在。[4]

　　与针对国外的研究相比，针对国内的研究也同样不乏此类否

① G. Clarke and R. Cull, "Bank Privatization in Argentina: A Model of Political Constraints and Differential Outcomes", World Bank Working Paper, No. 2633, 1999; A. Barajas et al., "The Impact of Liberalization and Foreign Investment in Colombia's Financial Sector", *Journal of Development Economics*, 63 (1), 2000; P. Zajc, "The Effect of Foreign Bank Entry on Domestic Banks in Central and Eastern Europe", Paper for SUERF Colloquium, 2002; U. Janek, "Short-term Effects of Foreign Bank Entry on Bank Performance in Selected CEE Countries", Bank of Estonia Working Papers, No. 2005 - 4, 2005.

② J. Sachs, A. Tornell and A. Velasco, "The Collapse of the Mexican Peso: What have We Learned?", NBER Working Paper, No. 5142, 1995; W. Dobson and P. Jacquet, *Financial Services Liberalization in the WTO*, Washington D. C.: Institute for International Economics, 1998; C. M. Reinhart, "Some Parallels between Currency and Banking Crises: A Comment", MPRA Paper, No. 13197, 1999; S. Claessens and T. Glaessner, "Internationalization of Financial Services in Asia", World Bank Working Paper, No. 1911, 1998; S. Claessens, A. Demirguc-Kunt and H. Huizinga, "The Role of Foreign Banks in Domestic Banking Systems", World Bank Working Paper, No. 1918, 1998; S. Claessens, A. Demirguc Kunt and H. Huizinga, "How does Foreign Presence affect Domestic Banking Markets", *Journal of Banking and Finance*, 25 (5), 2001; S. Claessens and L. Laeven, "What Drives Bank Competition? Some International Evidence", *Journal of Money, Credit and Banking*, 36 (3), 2004.

③ B. A. Aghion, "Development Banking", *Journal of Development Economics*, 58 (1), 1999.

④ H. Kim and B. Y. Lee, "The Effects of Foreign Bank Entry on the Performance of Private Domestic Banks", Bank of Korea Working Paper, 2004; R. Lensink and N. Hermes, "The Short-term Effects of Foreign Bank Entry on Domestic Bank Behaviour: Does Economic Development Matter?", *Journal of Banking and Finance*, 28 (3), 2004; J. Uiboupin, "Short-term Effects of Foreign Bank Entry on Bank Performance in Selected CEE Countries", Bank of Estonia Working Papers, No. 4, 2005.

定性的经验证据。例如，外资银行的进入会引发国内银行的绩效滑坡，或者至少没有能够对我国银行的绩效产生明显的积极作用[1]。有学者以我国 15 家最具代表性的商业银行为样本，运用 DEA 方法对其进行效率的测算和实证检验，结果证实外资的进入会造成国内银行纯技术效率的下滑[2]。而在银行内部层面，针对外资银行参股国内商业银行的实证分析结果表明外资银行的持股不仅未能带来国内银行的绩效提升，反而在短期内会引发国内银行流动性和资产质量的显著恶化以及非利息收入和资产收益率的降低[3]。也有学者将外资银行的持股份额作为解释因素纳入相关的实证检验，考察了外资银行对于国内商业银行的盈利水平与资产质量等方面产生的影响，结果也同样显示境外金融机构的进入对于国内商业银行的绩效影响会呈现先降后升的"U"形特征。[4]从其背后的理论原因来看，国内银行通过让渡部分股权的方式来引进战略投资者，其主要初衷在于通过股权的分散化实现银行治理结构的改善，并实现银行经营效率的根本性提升，然而这种通过外部战略投资者的引入所建立起来的股权结构却具有内在的不稳定性，一旦控制权租金足以补偿控股风险，战略投资者便会产

---

① 郭妍、张立光：《外资银行进入对我国银行业影响效应的实证研究》，《经济科学》2005 年第 2 期；史建平：《国有商业银行改革应慎重引进外国战略投资者》，《财经科学》2006 年第 1 期；孙兆斌、方先明：《外资银行进入能促进中国银行业效率的提高吗?》，《当代财经》2007 年第 10 期；王劲松、张克勇：《外资银行的进入对我国银行业绩效影响的实证分析》，《兰州大学学报》2008 年第 7 期；朱盈盈、李平、曾勇等：《引资、引智与引制：中资银行引进境外战略投资者的实证研究》，《中国软科学》2010 年第 8 期。

② 谢升峰、李慧珍：《外资银行进入对国内银行业盈利能力的影响——基于面板数据的实证分析》，《经济学动态》2009 年第 11 期。

③ 李晓峰、王维、严佳佳：《外资银行进入对我国银行效率影响的实证分析》，《财经科学》2006 年第 8 期；王锦丹、刘桂荣：《基于外资参股中国银行业情况下银行经营效率的实证研究》，《经济研究导刊》2010 年第 4 期。

④ 吴玉立：《境外投资者对中国银行业影响的实证分析》，《经济评论》2009 年第 1 期。

生动机促使股权分散模式转为股权集中模式，并由此带来银行实际控制权的旁落以及绩效的损失[①]。

与上述针对综合绩效的研究相比，另外一些针对不同层面的绩效所开展的研究得到的结论更具复杂性。其中，有实证研究曾利用特定模型检验了外资银行的进入与我国 14 家主要商业银行绩效之间的关联关系，结果表明，虽然外资银行的进入会提升银行的赢利能力，但对于银行安全性和收入效率却不会产生长期的稳定影响。而另有相关研究发现，外资银行的进入不仅未能显著促进我国银行业净利息收入的增加，甚至还会在一定程度上降低银行业的非利息收入，进而对银行总体的赢利能力产生一定的负面作用。外资银行的进入促进了我国银行盈利水平的提升，但也增加了我国银行的成本费用负担，同时对我国银行的稳健性和流动性未能带来显著性的影响。而从银行内部的外资参股情况看，对比了外资银行对国内银行的参股情况后可以发现，外资银行的参股对目标银行绩效的影响与母国以及东道国所处的发展阶段存在密切的关系，只有发达国家外资银行的持股行为才会对国内银行产生显著的正向影响。

另外，经济安全与金融安全之间也有紧密联系。广义上的经济安全，主要是指一个国家在其经济发展过程中所拥有的抵御国内外不确定性冲击、保证经济主权以及确保国民经济实现持续、快速、健康、稳定发展的能力。由于金融往往是经济中最具波动性和不确定性的部门，同时也是国民经济的命脉行业，对于经济活动的各方面均会产生不可估量的影响，因此金融安全作为金融体系稳定与健康的重要体现，无疑是经济安全的一个重要组成部

---

① 占硕：《我国银行业引进战略投资者风险研究：控制权租金引发的股权转移和效率损失》，《财经研究》2005 年第 1 期。

分。金融安全涉及广泛，不仅仅涵盖了国内的流动性、金融机构信用、市场运行与波动等诸多方面，而且在开放经济条件下，因跨境的商品和要素流动所衍生的国际收支与资本流动也都属于广义的金融安全的范畴。而由于开放本身所带来的不确定性及风险扩散可能性的增加，与涉外经济活动相关的国际金融活动往往在金融安全当中具有重要地位，并引起很多学者的关注和讨论。

国内有研究从较为狭义的范畴讨论了外资银行进入对国内经济安全产生的影响，在其看来，外资银行的入股行为可能会从银行系统控制权、银行股权转让定价、国内银行市场占有率和利润率、货币政策有效性、国内银行消化吸收和自主创新、金融业发展地区失衡及金融霸权和金融安全七个方面对国内经济产生一定的冲击①。除此之外，金融自由化及金融服务贸易的开放至少还可以对一国的金融安全和经济安全产生如下几个方面的冲击和影响。

首先，金融自由化带来了全球经济和金融一体化的深入发展，并加强了各国经济和金融活动的内在关联关系与相互影响。在开放条件下，不仅经济活动对于外部金融市场的依赖变得更加严重，本国的经济与金融遭受外部冲击的可能性也在传染、扩散与放大效应的加持下显著上升。在这一背景下，任何一个参与其中的国家或个体，无论其经济与金融实力强大与否，制度体系健全和完善与否，实际上都无法完全屏蔽世界范围内其他地区的经济与金融波动所带来的冲击。1982 年爆发于拉美地区的债务危机使全球1000 家大银行遭受毁灭性打击；1997 年作为一个东南亚小型经济体的泰国所发生的货币危机引发了蔓延至整个东亚地区的金融风暴；2007 年爆发于美国的次贷危机更是因为美国在全球经济中的

---

① 汪叔夜、黄金老：《当前在华外资银行的业务发展竞争战略分析》，《国际金融研究》2005 年第 2 期。

庞大体量与巨大影响而演变成为国际金融风暴[①]。因此，在金融业开放的情况下，来自外部的冲击实际上已经成为严重威胁一国经济安全与金融稳定的重要因素。

其次，金融业的开放和金融服务贸易的自由化为国际游资冲击相关国家的经济与金融稳定创造了更为有利的条件。国际游资大多数为投资期限在一年甚至半年以下的短期资本，并通常以间接投资的形式注入相关国家的境内资本市场，特别是证券、期货、衍生品交易和短期信贷等短期投机性市场。金融服务贸易自由化和伴随而来的资本跨境流动壁垒的消失在很大程度上消弭了制约国际游资跨境流动和套利的体制性障碍，从而为国际游资的迅速扩张与恣意的投机活动提供了有利的环境条件。相对于这些实力雄厚、经验丰富、来去迅捷并可以凭杠杆效果瞬间聚集和操控巨额资本的国际游资而言，中小型的发展中国家无论在外汇储备规模还是金融工具的运用和掌控等方面都无法与之抗衡，因此无力对其施加必要的控制或监管。在这种情况下，任何一个国家政策的微小失误都可能在极短的时间内被国际游资所捕捉并通过"羊群效应"无限放大，而由此带来的巨额资金流将对东道国的经济与金融体系产生具有极大破坏力甚至毁灭性的打击。

再次，如前所述，金融领域的开放也会导致相关国家的经济政策，特别是货币政策的独立性被削弱，进而严重威胁相关国家的经济与金融主权。经济与金融的自主权和独立决策权是国家主权的重要组成部分，也是关系到国家经济安全的重要方面。但金融开放的本质实际上会要求相关国家在经济主权方面做出一定的

---

① 戴建中：《拉美债务危机和东南亚金融危机比较研究》，《国际金融研究》1999年第8期，第29~35页；张斌：《百年来国外主要经济金融危机分析》，《中国金融》2007年第19期，第54~55页。

让渡和放弃，比如融入全球金融开放体系的基本标志之一是加入世界贸易组织并接受《服务贸易总协定》及其他各类金融服务贸易协议、原则和条款，这首先需要容许外国金融机构在本国建立相关的服务机构并确保其享有与本土金融机构以及其他国家金融机构平等的权利，并取消资本跨境流动的限制，甚至取消外国资本在投资项目中的持股比例限制等。而所有这些实际上都意味着缔约国要在经济主权和金融主权方面作出一定的让步。而当一国的经济与金融发展陷入危机或困境时，如果需要从其他国家或者国际组织获得一定的援助，其往往会面临更为严苛的条件和更大幅度的经济主权让渡。例如，1997 年亚洲金融危机爆发时，当韩国出于应对金融危机的冲击的目的而向国际货币基金组织提出贷款 550 亿美元的请求时，就不得不接受国际货币基金组织为其制定的极为严苛的条件。其中包括将 1998 年的经济增速控制在 3% 以内，通货膨胀率控制在 5% 以内，经常项目赤字占 GDP 的比重控制在 1% 以内，允许外国金融机构在韩国设立子公司，提前完成进口国家多元化制度的废除，提高与石油有关的消费税与交通税税率，等等。这些条件无疑严重侵犯了韩国的经济主权，甚至使其在很大程度上丧失了自主选择经济金融体制与金融开放措施的权利。当一个国家无法独立自主地选择和确定其经济金融体制并制定相关的决策时，这个国家实际上也就失去了在危机发生时进行自救的工具和手段，对经济安全的维护也将无从谈起。

在大数据技术和人工智能得到广泛应用并深刻改变金融业乃至国民经济各个方面的今天，对金融资源、金融市场特别是金融信息数据的掌握和控制也是关系到国家经济安全的重要方面。对于金融领域发展相对滞后、信息技术和数字技术能力欠缺的发展中国家而言，金融市场的开放与自由化无疑会将其金融产业与金融机构直接暴露于激烈的国际竞争之下，在发展中国家金融机构整体竞争力无法与发达国家金融机构相抗衡的情况下，发展中国家对于本国金融机构的控制权将极有可能为发达国家的金融机构所攫取，从而导致发展中国家在事实上沦为发达国家的附庸。同时，伴随着金融开放，外资金融机构也可以凭借其技术领域的优势通过投资活动获取东道国海量的消费者数据资源，并通过对大数据的分析获得东道国的机密信息与相关情报资源，从而进一步威胁东道国的经济安全。因此，对于全球多数发展中国家而言，如何在推动金融开放与服务贸易自由化的过程中有效保护国内金融市场与金融产业，加强对国内金融资源、数据和市场的有效控制应当成为需要引起高度关注的问题。

最后，金融服务贸易的开放与自由化也极大地激发了国际金融领域的创新活动，而这种过度的创新实际上加大了金融监管的难度，并使得全球金融体系变得更加脆弱。在金融服务贸易自由化的背景下，横亘于各国金融市场之间的阻隔的消失会加剧银行业之间的国际竞争，并由此导致银行传统业务盈利空间的萎缩，在这种情况下，通过金融创新推出新的金融产品、金融工具乃至新的金融业态已经成为各金融机构追求新的利润增长点、在激烈的国际竞争中占据主动的必然选择。然而，金融创新的迅速发展虽然有助于提升国际金融市场整体的资源配置效率并为不同动机下的投融资活动提供了更高的便利性，但同时也为投机活动创造了更为宽松的环境。金融创新工具，特别是一些新型衍生工具的过度使用及由此带来的国际金融市场中的大量投机行为必然会带来整个国际金融市场波动性的增加，并为相关的监管活动带来更多的障碍，由此导致金融体系的脆弱性增强，进而给一国乃至国际经济安全带来威胁。

第五章　金融开放的策略与币种选择

金融业对于一国的经济发展与社会稳定有着关键性的基础作用，因此金融开放对于任何国家而言都是重大的战略性决策。从历史经验来看，对于金融体系并不健全的新兴经济体或发展中国家而言，其监管部门在金融开放策略选择方面应当秉持更为谨慎的原则，通过综合性的配套措施减少金融开放对于本国金融体系所产生的不利影响，并且在开放本国金融体系和资本市场的过程中采取循序渐进的稳健方式，以符合本国国情的模式逐步加以推进。

一　金融开放的先决条件与配套机制

现有研究均表明，金融开放对东道国金融体系稳定性所带来的不利影响大都与东道国的国内经济、货币体系、资本市场或者金融体系的不健全存在密切的关系。因此要实现金融领域的有效开放，并将开放带来的负面效应降到最低，首先需要对国内的经济金融体制进行充分的改革与调整。在分析了巴西、阿根廷和智利等国的金融改革进程之后，研究者认为东道国国内体制改革对于金融自由化的顺利实施具有重要的影响[①]。据总结，这些改革措

---

① W. Dobson and P. Jacquet, *Financial Services Liberalization in the WTO*, Washington D. C.： Institute for International Economics, 1998.

施主要包括撤销特定行业的政府管制，如促进国有银行的私有化
与市场化；推动部门之间的业务活动转移，如允许银行部门提供
保险服务；以及提高国内金融机构的服务质量，增加市场效率；
等等①。与此同时，相关研究也提及这种改革需要保持"政策一致
性"（Policy Coherence），即贸易政策的改革、国内金融改革与资
本账户的开放是三个互相补充和协调发展的活动②。其中，贸易政
策的改革主要为国际货币基金组织及世界银行等机构出于加强一
国国内金融系统改革的动机而与相关国际项目一起提出的捆绑要
求，这种贸易政策的改革解决了外国金融服务商的跨境交付和市
场准入问题，会要求开放某种形式的资本流动③。同时，国内金融
改革和贸易政策的改革原则上又可以成为推动资本账户自由化的
先导力量；而一个健全和多元的金融系统则应当能够缓解国际资
本流动带来的动荡。

　　传统理论认为，有效率的金融服务部门和放松管制的金融市
场会有利于全球金融行业的一体化发展④。但也有研究指出，金融
自由化不等同于放松管制，相反，它更加强调政府在适当时候制
定政策并鼓励金融服务部门的制度现代化⑤。从实践经验来看，一
个好的自由化政策安排至少应当能够提升国内金融市场的透明度，
并使得金融部门在技术、管理、信息和监管等各个层面都得到相

---

① W. Dobson，"Finances Services and International Trade Agreements：The Development Dimension"，In *A handbook of International Trade in Services*，New York：Oxford University Press，2007，pp. 289 – 334.

② Ibid.

③ S. Key，*The Doha Round and Financial Services Negotiations*，Washington D. C.：American Enterprise Institute，2004.

④ Chen Z.，D. H. Li and F. Moshirian，"China's Financial Services Industry：The Intra Industry Effects of Privatization of the Bank"，*Journal of Banking and Finance*，29（8），2005.

⑤ Chang P.，G. Karsenty，A. Mattoo and J. Richtering，"GATS, the Modes of Supply and Statistics on Trade in Services"，*Journal of World Trade*，33（3），1999.

应的提升，同时使国内法规与国际法规保持相应的一致性。此外，自由化的金融开放政策也应当注意与具体的贸易模式和国情相结合，例如，金融服务部门商业存在方式下的自由化应当注意外来企业和机构的不同策略与文化[1]。除了有关国内金融体制的配套改革之外，另一些研究也指出，无论是金融开放还是其他领域的开放，新兴经济体或发展中国家都应当遵从一定的次序。根据个别国家金融自由化的经验，金融开放一般先从东道国国内实业部门开始，然后是贸易自由化，最后才是金融自由化[2]。

二　金融开放的次序选择

国内学者郭根龙和冯宗宪根据有限的金融服务贸易市场开放次序案例经验，结合相关理论总结了金融服务贸易市场开放的一般逻辑[3]。首先，金融服务贸易市场的对外开放，特别是商业存在模式下的对外开放必须辅之以金融监管的强化。这是保证外国金融服务提供者在东道国市场上良好运行，保证高度竞争条件下东道国金融体系稳定的必要条件。由商业存在模式下的对外开放所导致的跨国银行方面的最大风险，是跨国银行总部或其他国家分行的经营失误导致东道国分行陷入困境并引起东道国金融市场的震荡。典型的例子如巴林银行和国际商业信贷银行的倒闭等，由此可见即使信誉较好的跨国银行也不一定能维持永续经营。在金融服务贸易自由化条件下，不仅要加强国内的金融监管，还需通过与相关国家和国际组织间的监管合作，共同防范金融风险。

---

[1] N. Tamirisa et al., "Trade Policy in Financial Services", IMF Working Papers, No. 00/31, 2000.

[2] J. Wahba and M. Mahmoud, "Liberalizing Trade in Financial Services: The Uruguay Round and the Arab Countries", *World Development*, 26 (7), 1998.

[3] 郭根龙、冯宗宪：《金融服务贸易市场开放次序的经验及一般逻辑》，《经济与管理研究》2004 年第 3 期。

其次，对银行不良资产问题的解决应先于或平行于金融业的对外开放，以避免脆弱的国内金融企业承受不良资产问题和外部竞争压力的双重困扰。对银行不良资产问题的解决可通过注入新资本（例如财政资金注入、引进外资或公开发行上市）、将不良资产剥离转移到专业的资产管理公司、与财务状况更好的国内外金融企业合并等方式进行。同时，在为解决不良资产问题而引进外资时，应使其与金融业的对外开放战略相吻合。

再次，金融开放需要以利率改革和实体部门改革为先决条件。一是，利率自由化和信用限额的自由化也应先于或平行于金融业的对外开放，以保证以价格机制为核心的良好竞争环境的形成，同时也应逐步引入一些金融衍生工具，以满足利率自由化后风险管理的需要。二是，金融服务市场的对外开放应在国内实体部门的改革之后。如果实体部门的改革滞后，那么信贷资金可能流向本来不盈利但由于实际部门价格扭曲而表面盈利的行业，造成资源配置的无效。否则，国内实体部门的问题加上金融服务市场开放导致的风险可能会加重本国金融业的负担。

最后，资本账户的全面自由化应在金融服务市场的对外开放之后，并应时刻保留对资本流动的一定程度的控制权。一般认为，资本的自由流动是造成发展中国家发生金融危机的重要因素，过快地开放资本账户将使国家的经济安全受到巨大威胁。因而，资本账户的自由化一定要在金融服务市场的对外开放之后。即使开放了资本账户，当国家发生重大的国际收支危机和金融稳定问题时，出于谨慎和对国家利益、国民利益的考虑，政府也应适时地对资本流动实施管制。由于跨境交付模式下的金融服务贸易市场开放必须伴随资本账户自由化，而商业存在模式下的金融服务贸易市场开放只需相应的外商直接投资进入，并不需要完全的资本账户自由化，因此跨境交付模式下的金融服务贸易市场开放应在商业存在模式下的金融服务贸易市场开放之后。

需要特别说明的是，上述次序的选择只是理论上的经验总结，金融开放的具体策略还应根据东道国实际情况而定。由于商业存在模式下金融服务贸易市场开放的竞争效应和技术转移效应明显，因而机械地强调开放的条件和次序，可能会导致金融体系强化机会的丧失①。总体而言，金融开放除需考虑以上先决条件和相关配套改革的次序外，还必须选择适当的开放时机，以保证国家具备相应的减缓对外开放所造成的短期冲击的条件。一般认为，金融服务市场的对外开放应选在国家政局稳定和国内宏观经济环境运行良好之时。

三　金融开放的币种选择

从国际经验来看，在发展中国家和新兴经济体金融开放的过程中，跨境资金流动主要由可自由兑换的国际货币来实现。迄今为止，国际上还没有一个发展中国家或新兴经济体在金融开放过程中成功实现以本币替代国际货币成为跨境资金流动主要币种。这些发展中国家或新兴经济体在对外开放过程中，由于本币不具备成为国际货币的条件，因此在金融账户开放以及资本项目可兑换的问题上并没有所谓"币种选择"的权利，即与此相关的跨境资金流动都必须由强势的国际货币（例如美元）来主导实现。而外币主导的大规模跨境资金流动，会为本国经济金融稳定带来较大冲击或风险隐患，甚至引发大规模的系统性金融危机。

外币主导的跨境资金流动有潜在风险并容易诱发危机，原因

① N. Tamirisa et al. , "Trade Policy in Financial Services", IMF Working Papers, No. 00/31, 2000.

是多方面的。一是币种错配，尤其是大量短期外债和投机性非居民投资以外币计价，导致大规模汇率风险和流动性风险。二是市场冲击，大规模跨境资金流动以外币进行，意味着本币和外币的兑换和交易环节主要在境内金融市场完成，容易对境内市场和本币汇率形成巨大冲击，导致汇率大幅度波动。三是清算和结算受制于人，由于外币非本国央行发行的货币，因此在价格和流动性上本国货币管理部门都无法进行有效干预或管理，往往不得不借助外汇管制或其他外汇管理手段。四是影响货币政策独立性，无论是大规模外汇资金跨境流动并在国内市场开展兑换交易，还是中央银行为了维护本币汇率稳定而在外汇市场主动介入，都将对国内货币供应量产生较大影响。

正是考虑到上述问题，中国内地一方面推动金融开放，另一方面加快人民币国际化的进程。未来如果跨境资金流动以本币为主，则上述问题将得到缓解。一是短期外债和非居民金融投资以本币计价结算，将基本不存在币种错配的问题。二是大规模跨境资金流动以本币为主，意味着兑换环节主要发生在离岸市场，不会对在岸外汇市场产生直接冲击。三是本币由本国央行发行，在价格决定和流动性供应方面，本国央行具备主动权，其清算最终由在岸金融基础设施实现和完成，本国可以保持足够的控制权。四是所有境外本币最终都必须在境内完成清算，本币结算资金的流出流入不会导致国内货币供应总量的变化，充其量只改变国内货币供应结构，因此可在真正意义上使得国内货币政策摆脱跨境资金流动和传统外汇管理的影响，大大增强货币政策独立性。

综上所述，未来中国内地的金融开放应当是"以本币驱动"的有序开放过程，即在推进金融账户开放和资本项目可兑换过程中，强调本币优先、实现本币主导。一方面，加快推进人民币国际化，使人民币国际化本身成为金融开放的重要推动力量；另一方面，在金融账户开放和资本项目可兑换相关的跨境资金流动中，推动实现人民币占据越来越高的比重，并且使人民币逐步成为跨境资金流动的主要货币。

第六章 结论与评析

　　本篇立足于全球金融开放的现状，对于金融开放在自由贸易和经济发展中所起到的基础性作用以及金融开放对一国经济民生可能带来的冲击进行了理论上的分析与实践上的归纳，同时对有关金融开放政策和次序选择方面的战略研究进行了相应的梳理。就目前全球金融开放的现状来看，金融作为现代经济中的基础性部门和服务业中的重要产业类别，其对外开放自20世纪90年代以来受到了越来越多的关注。从金融开放对于服务贸易所起到的支持和促进作用来看，一个开放高效的金融体系不仅是国际贸易得以顺畅开展的必要条件，同时也是支撑国际贸易不断发展壮大的关键因素。总体而言，金融开放可以通过为国际贸易提供基础性的国际结算、汇兑及融资等活动为商品和资本跨境流动提供必要的条件；同时，由金融开放带来的相关国家要素禀赋结构和贸易结构的变化也会对一国的出口结构和专业化程度产生相应的影响；此外，金融开放还可以在分散贸易风险及消除信息不对称方面对国际贸易产生相应的促进作用。尤为重要的是，由于很多国家，特别是发展中国家和经济转轨国家的金融体系普遍处在缺乏有效竞争的市场环境中，垄断所带来的金融体系的低效率是这些国家需要解决的一个普遍性的问题，而作为引入竞争因素的重要机制，合理规模的金融开放显然可以通过竞争和技术溢出效应带来相关国家金融市场环境的改善和效率的提升，而这对于相关国家金融体系的稳定与发展而言可能是更为基础性的因素。

《服务贸易总协定》（GATS）首次从多边角度构建了一国金融开放的基本框架，并从市场准入、国民待遇、最惠国待遇、透明度原则及相互承认和共同标准等方面对缔约方的金融开放进行了规定，但考虑到金融体系在一国经济稳定和经济安全中的重要作用，以及虑及金融开放对于相关国家和地区，特别是金融体系欠发达国家和地区可能带来的潜在风险和冲击，GATS 及其与金融服务贸易相关的附件同时也规定了审慎监管例外这一重要原则，明确了成员方为了实现相关政策目标，有权对其境内的服务提供制定和实施新的限制规定，甚至允许成员方在发生严重国际收支失衡和对外财政困难严重的情况下，对其已承担特定义务的服务贸易采取或维持各种限制。

可见，国际多边协议的灵活性规定虽然是出于维护成员方金融体系稳定，减少金融风险传播和扩散的考虑而制定的，但在实际操作中却使得 GATS 中有关金融开放规定的强制性大大降低，而对于所谓"审慎监管"的定义也并无严格统一的标准，使得相关成员方在执行有关金融开放规定的过程中具有了更强的主观色彩。事实上，从目前的开放现状来看，世界各国在金融开放方面大多保持了相对谨慎的态度，在金融开放承诺的具体执行方面也更为保守。现有研究表明，国内利益集团在金融开放问题上的利益冲突，以及对于宏观经济稳定情况的担忧，可能是导致相关国家在金融开放问题上裹足不前的重要因素。同时，相关国家金融体系的发达程度也是影响一国对待金融开放态度的重要因素，但一国金融开放的意愿似乎与国家金融部门的发达程度呈现一定的负相关关系，很多拥有良好金融市场的国家事实上并不具有很强的金融开放意愿，反而是一些金融部门欠发达的地区会在金融开放方面做出更多的承诺。尽管这在一定程度上与发达国家保护自身金融体系的特点有关，但发达国家在金融开放问题上的审慎态度仍值得发展中国家进行深入的反思。

金融业是服务业中的重要产业类别和国际贸易的重要支撑，金融开放在国际贸易特别是服务贸易的发展过程中起到了关键性的作用，但不可否认的是，金融开放及随之而来的跨境资本流动障碍的消除也可能会对一国原有的金融环境和金融体系形成巨大的冲击，甚至影响该国的金融稳定并引起相关的金融风险的扩散，而这也正是很多国家在金融开放问题上持犹豫观望态度的原因所在。具体而言，金融开放对一国金融稳定可能产生的负面影响，主要源于资本跨境流动障碍的消除所带来的资本流动冲击和宏观政策操作空间的萎缩。其中，前者主要表现为金融管制撤销之后境内外利差推动资本内流而引起相关国家特别是高成长中的新兴经济体资产规模的超常膨胀和资产价格泡沫堆积风险；而后者则主要源于在"不可能三角"理论下中央银行原有的多目标政策管理体系自身的矛盾，即难以在金融开放和资本自由流动条件下同时保有汇率决定权和货币政策的自主权，这种宏观经济政策空间的丧失也会导致相关国家失去主动平抑外部冲击与经济波动的能力，客观上也会加剧经济与金融的动荡与风险。此外，尽管金融开放所带来的金融业市场准入门槛的降低会在理论上提高东道国金融市场和金融机构的效率与竞争力，但如果不能很好地把握尺度，则过度的竞争也极有可能在压缩国内金融产业生存空间的基础上激化金融产业的恶性竞争和短视行为，从而对东道国金融机构的效率产生负面影响，甚至诱发金融动荡。

综上，金融开放实际上如同一把"双刃剑"，在激发国内金融产业活力，提升金融领域的效率，进而促进国际贸易特别是服务贸易发展的同时，也可能会对一国的金融稳定和金融安全带来不小的威胁。因此，有关金融开放的现实问题实际上并不在于是否应该开放，而在于应该如何把握开放的方式和尺度，以合适的方式在尽可能规避金融开放不利影响的条件下实现以金融开放促进贸易和金融发展的目标。而这就要求我们在金融开放的政策与策略选择上进行更为深入和审慎的思考。从现有研究结果来看，金融开放取得何种效果的关键或许不在于金融开放本身，而在于深层次的经济和金融领域的配套改革，包括金融产业本身的市场化进程、扭曲性因素的消除，以及金融体系自身效率水平和技术水平的提升等；同时，金融开放也需要相关的贸易政策改革和国内金融改革相配合，以贸易政策改革作为推动资本账户自由化的先导，并以健全和多元化的金融系统来缓解大规模跨境资金流动所带来的冲击。最后，在一国金融开放次序和策略选择上，应当优先实现国内监管体系的完善、不良资产问题的化解以及利率市场化的改革，并注意保持本国货币政策的主动性。一个合理的金融开放策略安排不是仅仅降低市场准入门槛，也不等同于放松市场管制，而是要通过巧妙的"市场设计"和"市场构建"，促使金融行业在技术、管理、信息和监管等各方面得到协调发展，并在提高国内市场吸引力和竞争力的同时维持本国货币供求基本面和掌握汇率控制权，避免大规模跨境资金流动对本国经济带来系统性风险，进而保证金融开放在健康、有序和稳定的大环境中得以逐步实现。

中

篇

互联互通的中国特色

通过分析中国内地与香港的跨境资本市场互联互通机制，本篇研究探讨了中国政府如何通过适度满足外国投资者对人民币国际化的新需求实现离岸人民币投资基础设施的体制创新，从而积极参与全球金融市场治理。本篇揭示了中国政府如何针对外国证券投资者培育更多的人民币计价的金融资产并通过融入全球资本市场指数体系加快人民币国际化的进程。主要有两大启示：一是，除了之前建立的离岸人民币中心，以互联互通机制为代表的离岸人民币市场基础设施使中国能够吸引全球证券投资者进入其在岸人民币计价的股票和债券市场，而不需要在国内金融市场做出太多让步。二是，虽然人民币国际化进程受益于国际指数纳入的拉动效应，离岸人民币市场基础设施建设加强并吸引了全球范围内的证券投资者，但政策研究者必须认识到，支持中国和外国投资者之间直接联系的市场基础并不稳固，其很可能被地缘政治或国际关系所影响，而这种影响正日益从贸易领域延伸到金融市场。

金融开放与人民币国际化进程紧密联系是中国的金融开放区别于其他多数发展中国家和新兴经济体的一个重要特征和政策背景。以"本币驱动"和"闭环管理"为特色的资本市场互联互通机制①（主要包括"股票通"和"债券通"）的实施是人民币国际化进程中的一个重要里程碑。互联互通机制与其他跨境投资计划

---

① 这些相同类型的试验计划或机制在香港也被称为"相互市场准入计划"（Mutual Market Access Schemes），而它们在中国内地和香港也经常被简称为"互联互通计划"或"互联互通机制"。

最大的区别在于，互联互通机制下的投资者直接使用人民币进行证券投资，不需要个人换汇，也不需要去对方市场开户，在其本地市场开户就可以直接投资对方市场证券。

从互联互通的技术设计来看，这一机制通过在中国内地的在岸市场基础设施和离岸地点之间建立直接联系，由中国人民银行的离岸合资企业间接实现跨境监管。在不改变中国境内原有金融基础设施的前提下，互联互通机制可以使境外市场参与者的交易订单通过一个独立的闭环渠道与境内市场参与者进行相互传递。例如在股票通的框架下，香港中央结算有限公司（简称"香港结算"，为香港交易所全资附属公司）会对中华通结算参与者的中华通证券交易进行交收。为便利沪港通下跨境交易的结算及交收，香港结算及中国结算成立了"结算通"，并相互成为对方的参与者。在债券通的框架下，中国人民银行通过中国外汇交易中心暨全国银行间同业拆借中心（CFETS，为政府管理的公共机构）持有的股份，成为总部设在香港的债券通有限公司（BCCL，负责执行组合投资者的在岸债券投资）的最终实际控制者。通过上述交易框架和金融基础设施的配套设计，互联互通机制可以同时实现"以人民币结算"和"跨境资金闭环管理"两大目的。

如前所述，以人民币作为结算货币的股票通和债券通的开启，无疑将大幅度增强内地资本市场与国际资本市场的联动性，也意味着国际资本市场对内地股市波动的溢出效应将更强。对这一效应逐步适应和管控的过程，是健全中国资本市场风险防控体系、增进市场弹性的过程，将促进未来中国资本市场国际化水平的进一步提升。换言之，股票通和债券通加速了资本市场改革，而开放有效的资本市场又将成为增进人民币国际使用的重要支撑。从这个角度来说，股票通和债券通的贡献不仅仅在于其促进了当前资金双向通道的打开，还在于其对未来人民币的货币竞争力进行了塑造。

在共同构建资本市场互联互通机制的过程中，中国人民银行、中国证券监督管理委员会（简称"中国证监会"）、香港证券及期货事务监察委员会（简称"香港证监会"），以及上海、深圳、香港三地的交易所扮演了最关键的角色。本篇将详细分析这些机构在推动实施互联互通机制过程中的作用。

本篇主要使用了三组数据：（1）非国有私人投资者或半官方市场主体可分享的市场数据，如托管银行、机构投资者、资产管理公司和其他市场平台公布的数据；（2）国家代表机构以及监管部门和市场主体之间互动的公开文件和内部会议记录上的数据；（3）对中国内地、中国香港以及外国机构专家和政府工作人员进行访谈所获得的数据①。鉴于这些专家和政府工作人员在公开讨论他们的计划和看法时极为谨慎，笔者对他们的见解与可公开获取的信息进行了对比。但为了保护专家和政府工作人员的隐私，笔者在引用他们提供的信息时，并没有提及他们的个人身份识别信息。

---

① 详细内容可参见 Z. Chen and X. Pan，"China's Pivot to Global Portfolio Investments through Index Inclusion：A New Chapter of Currency Internationalization"，*China：An International Journal*，19（2），2021，pp. 67 - 87。

第七章　人民币国际化与全球资本市场指数体系

2018 年 6 月 1 日，总部位于纽约的全球领先指数提供商 MSCI 将以人民币计价的中国内地 A 股纳入其旗舰新兴市场指数[1]。基于这一新变化，在全球范围内跟踪该指数的投资基金和金融产品（管理总额超 2 万亿美元）被授权投资人民币计价的资产。之后，其他一些在全球资本市场占有重要地位的指数也纷纷跟进，包括富时罗素的全球股票指数系列、彭博巴克莱的全球综合指数和摩根大通的新兴市场全球多元化指数。如果将所有跟踪这些指数的全球基金都计算在内，预计将有大量的外国资金，包括 110 亿美元的即时流动资金和之后 5 ~ 10 年的 6000 亿美元，将被兑换成人民币。[2]

尽管中国初始权重有限，而且对纳入指数的长期意义持谨慎态度，但全球投资界和中国观察家的普遍看法是，这些国际指数很可能会将中国的资本市场带入全球主流资本市场，并为未来人民币作为投资（和资本）货币的国际化奠定基础。指数编制机构

---

① Reuters, "What is China's A-share MSCI inclusion on June 1?", 2018, https://www. reu-ters. com/article/us-china-stocks-msci-explainer/what-is-chinas-a-share-msci-inclusion-on-june – 1 – idUSKCN1IW0N7.

② B. Lien and D. Sunner, "Liberalisation of China's Portfolio Flows and the Renminbi", Reserve Bank of Australia, 2019, https://www. rba. gov. au/publications/bulletin/2019/sep/liberal-isation-of-chinas-portfolio-flows-and-the-renminbi. html.

的决定将数十亿的被动外国资本投资重新引导到了人民币市场。可以说，将人民币纳入这些指数的决定对加速人民币国际化的意义不亚于 IMF 将人民币纳入其特别提款权（SDR）货币篮子的决定[1]。

中国内地的股票和债券都已经被纳入全球主要指数，这是人民币成为国际投资（和资本）货币道路上的一个值得人们关注的发展，但无论是学术界还是实务界，对这一重要发展的系统研究都很少。从整个发展过程看，人民币国际化的过程被普遍认为是一个强有力的国家主导的过程，因此与其他货币国际化的案例有很大的不同。中国政府所主导的半官方市场能够从国际金融市场的非国有私人投资者那里获得以人民币作为投资储备货币的直接支持[2]。在这种情况下，一个基本问题是，中国如何将这些外国非国有私人投资者纳入自身调整后的政策，以加速人民币的国际化。

有鉴于此，本书集中关注中国政府如何通过直接针对全球金融市场上的非国有私人投资者来培育全球资本市场需求，以配置中国国内资本市场上的人民币计价金融资产。换言之，本书的重点研究对象是跨境人民币投资基础设施的建设，即互联互通机制（主要包括"股票通"和"债券通"）的实施以及全球指数编制机构在这一过程中的作用。综合而言，正如在中国债券和股票市场上的外国证券投资所占市场份额所体现出的变化趋势那样，互联互通机制已成为外国证券投资者进入中国内地资本市场的首选投资渠道，随后促进了上述指数纳入，并有可能帮助提高人民币作为投资储备货币的国际地位。在这个过程中，中国受益于指数纳入的拉动效应，并通

---

[1] International Monetary Fund（IMF），"IMF Adds Chinese Renminbi to Special Drawing Rights Basket"，2016，https://www.imf.org/en/News/Articles/2016/09/29/AM16－NA093016IMF-Adds-Chinese-Renminbi-to-Special-Drawing-Rights-Basket.

[2] C. Richard，K. Burdekin and P. L. Siklos，"Quantifying the Impact of the November 2014 Shanghai-Hong Kong Stock Connect"，*International Review of Economics and Finance*，57，2018，pp. 156－163.

过利用其潜在的有利可图的内地资本市场来吸引国际投资者对人民币资产的持有，形成了一条具有中国特色的、日益由市场驱动的货币国际化道路。

在结合相关数据和访谈调研内容进行实证评估的基础上，本章对于互联互通机制的研究可以在以下两个方面促进对有关货币国际化理论和人民币国际化进程的理解。

首先，一个发展中国家的货币（例如人民币）开始成为国际投资储备货币并在发达国家的私人投资市场及其货币使用者群体中成为资产持有和交易的计价货币，在国际金融体制上属于一大创新。然而，在现有文献中，对人民币国际化的研究通常仅限于人民币通过某些"双边市场基础设施"发挥作为全球贸易、支付和储备货币的功能，因而有必要对现有文献的分析框架进行及时的扩展。

其次，通过分析私人投资者与货币发行国（例如中国）交往互动的过程，尤其是某个主权国家股票市场（例如中国内地 A 股）加入国际指数的过程，更好地揭示私人市场主体对于货币国际化所能产生的直接影响。这与现有文献通常赋予私人市场主体被动或间接的角色不同，本书认为私人市场主体及其产生的网络效应给货币国际化带来了一种复杂性甚至主动性，这种主动性的角色作用尚未被现有文献充分反映。[1]

在国际货币领域，正如明斯基所说的那样，"每个人都可以创造货币；问题是要让它被接受"[2]。因此，我们不难发现，大量关于人民币国际化的文献研究了货币发行国和货币使用者（或者是

---

[1]　He Dong and Yu Xiangrong, "Network Effects in Currency Internationalisation: Insights from BIS Triennial Surveys and Implications for the Renminbi", *Journal of International Money and Finance*, 68, 2016, pp. 203 - 229.

[2]　Hyman P. Minsky, *Stabilizing an Unstable Economy*, New Haven: Yale University Press, 1986.

国家和非国家市场主体）之间的关系，但是这种关系对不同主体的作用，以及推动不同主体互动的机制是什么，现有研究结论存在着巨大的差异[1]。

由于人民币国际化的历程离不开国家主导的体制，许多文献的分析重点是货币发行国本身，着眼于分析中国及其国家特征[2]，包括国家资本[3]、国内政治[4]、国内金融市场发展水平[5]，等等。

---

① 关于互联互通机制对 A 股和 H 股价格差异的影响的讨论，参见 Yang Kun, Wei Yu, Li Shouwei and He Jianmin, "Asymmetric Risk Spillovers between Shanghai and Hong Kong Stock Markets under China's Capital Account Liberalization", *The North American Journal of Economics and Finance*, 51, 2020, pp. 1 – 25。

② R. Germain and H. M. Schwartz, "The Political Economy of Currency Internationalization: The Case of the RMB", *Review of International Studies*, 43, 2017, pp. 765 – 787; Paola Subacchi, *The People's Money: How China is Building a Global Currency*, New York: Columbia University Press, 2016; Benjamin J. Cohen, *Currency Power: Understanding Monetary Rivalry*, Princeton, N. J.: Princeton University Press, 2015; B. Cohen, "The Yuan Tomorrow? Evaluating China's Currency Internationalisation Strategy", *New Political Economy*, 17, 2012, pp. 361 – 371; Juan Carlos Martinez Oliva, "China's Power and the International Use of the RMB", In Domenico Lombardi and Hongying Wang (eds.), *Enter the Dragon: China in the International Financial System*, Waterloo, on: Centre for International Governance Innovation, 2015, pp. 13 – 39.

③ Eichengreen Barry, "Currency War or International Policy Coordination?", *Journal of Policy Modelling*, 35, 2013, pp. 425 – 433; Christopher A. McNally, "The Political Economic Logic of RMB Internationalization: A Study in Sino-Capitalism", *International Politics*, 52, 2015, pp. 704 – 723; Julian Gruin, *Communists Constructing Capitalism: State, Market, and Party in China's Financial Reform*, Manchester: Manchester University Press, 2019.

④ Chey Hyoung-kyu and Vic Li, "Chinese Domestic Politics and the Internationalization of the Renminbi", *Political Science Quarterly*, 135, 2020, pp. 37 – 65; Eric Helleiner and Jonathan Kirshner (eds.), *The Great Wall of Money: Power and Politics in China's International Monetary Relations*, New York: Cornell University Press, 2014; Ulrich Volz, "All Politics is Local: The Renminbi's Prospects as a Future Global Currency", In Leslie Elliott Armijo and Saori N. Katada eds., *The Financial Statecraft of Emerging Powers: Shield and Sword in Asia and Latin America*, Basingstoke: Palgrave Macmillan, 2014, pp. 103 – 137.

⑤ Eswar S. Prasad, *Gaining Currency: The Rise of the Renminbi*, New York: Oxford University Press, 2017; Linda Weiss, "Infrastructural Power, Economic Transformation, and Globalization", In John Hall & Ralph Schroeder (eds.), *An Anatomy of power: The Social Theory of Michael Mann*, Cambridge University Press, 2006, pp. 167 – 186; John Agnew, "Putting Politics into Economic Geography", In Jamie Peck, Eric Sheppard and Trevor Barnes (eds.), *The Wiley-Blackwell Companion to Economic Geography*, London: Blackwell, 2012, pp. 567 – 580.

其中，现有对众多人民币流通所依赖的市场基础设施建设，如互换行、清算行、市场流动性、特别投资者计划包括人民币合格境外机构投资者（RQFII）和合格境外机构投资者（QFII）的讨论尤其富有成效，这使得中国国内和国际相关领域学者能够更好地了解人民币国际化的进程，而不再仅仅拘泥于对人民币全球市场份额的定量分析，进而推动将更为具体的、涉及人民币离岸市场基础设施建设的过程和参与者引入货币国际化的研究中[1]。

这些已有的研究鼓励了另一批学者从外国政府作为人民币使用者的角度出发，分析它们作为主权国家代表在其管辖范围内如何促进人民币市场基础设施的扩大使用[2]。与主权国家同样重要的是非国家市场主体，这些非国家货币使用者是包括机构投资者、资产管理公司、保险公司和金融服务公司在内的不同国际投资者群体，他们在金融市场中的作用在外国研究者的视角下不知不觉地显现出来，这些作用也包括他们对本国使用人民币相关政策的

[1]　Steven Liao, Daniel McDowell, "Redback Rising: China's Bilateral Swap Agreements and Renminbi Internationalization", *International Studies Quarterly*, 59, 2015, pp. 401 – 422; Steven Liao, Daniel McDowell, "No Reservations: International Order and Demand for the Renminbi as a Reserve Currency", *International Studies Quarterly*, 60, 2015, pp. 272 – 293; Daniel McDowell, Steinberg D. A., "Systemic Strengths, Domestic Deficiencies: The Renminbi's Future as a Reserve Currency", *Journal of Contemporary China*, 26, 2017, pp. 801 – 819; Chey Hyoung-kyu and Minchung Hsu, "The Impacts of Policy Infrastructures on the International Use of the Chinese Renminbi: A Cross-Country Analysis", *Asian Survey*, 60, 2020, pp. 221 – 244; Lin Zhitao, Zhan Wenjie and Cheung Yin-Wong, "China's Bilateral Currency Swap Lines", *China & World Economy*, 24, 2016, pp. 19 – 42.

[2]　Pacheco P. R., J. Knoerich and Y. Li, "The Role of London and Frankfurt in Supporting the Internationalization of the Chinese Renminbi", *New Political Economy*, 24, 2019, pp. 530 – 545; Chey Hyoung-kyu, "Renmibi in Orgindary Economies: A Demand-Side Study of Currency Globalization", *China & World Economy*, 23, 2015, pp. 1 – 21; Chey Hyoung-kyu, G. Y. Kim & D. H. Lee, "Which Foreign States Support the Global Use of the Chinese Renminbi? The International Political Economy of Currency Internationalization", *World Economy*, 42, 2019, pp. 2403 – 2426; Park Y. C., "RMB Internationalization and Its Implications for Financial and Monetary Cooperation in East Asia", *China & World Economy*, 18, 2010, pp. 1 – 21.

态度间接影响了国家货币使用者的决策。然而，国际投资者作为
人民币非国家用户的总体作用在现有文献中被削弱了，因为他们
只是作为影响人民币国际化的众多国内经济和政治因素之一出
现的。

事实上，越来越多的研究发现，国际投资者在人民币国际化
的进程中发挥了重要作用，这些研究重点关注他们的结构性力量
对全球金融市场中关键的人民币离岸中心和国际金融中心的形成
的影响[1]。比如新兴的金融地理学研究，其提出人民币国际化是通
过人民币离岸中心的某些代理人进行的；这些中心形成的网络随
后构成了一个跨国的制度背景，并最终在货币发行国和使用国之
间的政策发展中发挥作用[2]。值得注意的是，Töpfer 和 Hall 发现，
伦敦的金融服务部门根据自身的投资偏好有选择地采用了一些人民
币市场基础设施，这反过来又进一步塑造（或在某些方面削弱）了
伦敦作为人民币离岸中心的地位，无论英国和中国在这方面的双边
交往如何发展，这些私人投资者的影响力都不容忽视[3]。鉴于上述情

[1] Cheung Yin-Wong, Matthew Yiu, "Offshore Renminbi Trading: Findings from the 2013 Triennial Central Bank Survey", *International Economics*, 152, 2017, pp. 9 – 20; Ren Yinghua, Lin Chen & Ye Liu, "The Onshore-Offshore Exchange Rate Differential, Interest Rate Spreads, and Internationalization: Evidence from the Hong Kong Offshore Renminbi Market", *Emerging Markets Finance and Trade*, 54, 2018, pp. 3100 – 3116; Richard C., K. Burdekin and Ran Tao, "An Empirical Examination of Factors Driving the Offshore Renminbi Market", *China Economic Journal*, 10, 2017, pp. 287 – 304.

[2] Julian Gruin, "The Offshore City, Chinese Finance, and British Capitalism: Geo-economic Rebalancing under the Coalition Government", *The British Journal of Politics and International Relations*, 20, 2018, pp. 285 – 302; Sarah Hall, "Rethinking International Financial Centres through the Politics of Territory: Renminbi Internationalisation in London's Financial District", *Transactions of the Institute of British Geographers*, 42, 2017, pp. 489 – 502; Sarah Hall, "Regulating the Geographies of Market Making: Offshore Renminbi Markets in London's International Financial District", *Economic Geography*, 94, 2018, pp. 259 – 278.

[3] Laura-Marie Töpfer, Sarah Hall, "London's Rise as an Offshore RMB Financial Centre: State-Finance Relations and Selective Institutional Adaptation", *Regional Studies*, 52, 2018, pp. 1053 – 1064.

况，Green 和 Gruin 进一步将国际投资者，特别是那些由于投资覆盖全球而拥有跨国市场决策权的投资者，作为离岸人民币中心之间的基础设施权利的一部分进行分析，从而提供了一个空间分析框架，超越了由国家边界定义的传统框架①。

　　然而，这些研究似乎将国际私人投资者在人民币国际化中的集体或个人作用特征描述为被动的、有限的和间接的，强调他们对人民币离岸市场基础设施的适应和反应以及偶尔的退出。这样的观点忽略了国际私人投资者如何在中国在岸金融市场持有人民币计价资产，并随后对中国的人民币市场基础设施、投资者准入和资本流动进行改变以反映其利益和偏好的潜在影响。

　　上述研究在经验覆盖面和对全球金融市场新的基本变化的分析方面也很有限。首先，互联互通机制构成了国际投资者进入中国股票和债券市场的新的人民币离岸投资基础设施，但在上述研究中基本没有被提及。关于人民币在金融市场上作为全球投资储备货币的功能的叙述，仍然受到对两个早期投资者计划（也就是2011 年推出的 RQFII 和 2001 年推出的 QFII）的关注的限制，这两个计划让中国对投资者的准入有了一定的指挥权和控制权，而对国际投资者激励规则的改变却没有提供什么杠杆。由于 70% 的跨境股票投资和 50% 的跨境债券投资现在分别通过股票通②和债券通③来交易，对中国的互联互通机制的分析可以更清楚地反映中国

---

① Jeremy Green，Julian Gruin，"RMB Transnationalization and the Infrastructural Power of International Financial Centres"，*Review of International Political Economy*，https：//doi. org/ 10. 1080/09692290. 2020. 1748682.

② 股票通的每日配额为北向 520 亿元人民币，南向 420 亿元人民币。每日配额的扩大（之前是北向 130 亿元人民币和南向 105 亿元人民币）是在 2018 年 5 月 1 日，也就是在被纳入指数之前进行的。每日配额的使用情况可查看 http：//www. aastocks. com/en/ cnhk/market/quota-balance/sh-connect。

③ 债券通的北向通计划在实施的不限额度，详情可查看 https：//www. thestandard. com. hk/ section-news/section/17/222959/Bond-Connect-preps-for-southbound-trade。

和国际投资者之间的双向影响①。

其次，被动投资的兴起和指数配置所产生的跨国市场力量，使指数编制机构有能力影响中国的人民币政策，特别是使其能够在不诉诸传统国家之间双边谈判的情况下灵活地规划和调整人民币市场基础设施。以 MSCI 为代表的指数供应商以其在私人投资市场的权力决定哪些国家值得投资，他们代表国际投资界决定国际资金在全球金融市场的分配。金融市场上这股新的力量的出现，使国际投资者的组合超越了管辖权的限制。

本书以全球资本市场指数纳入和以人民币计价的互联互通机制的实施为基础，对关于人民币国际化的研究进行了拓展，在人民币市场基础设施建设和发展过程中，国家投资者和国际私人投资者的组合逐渐出现，并成为中国的直接交易对手，这与传统观点有所不同。从互联互通机制的实施经验来看，跨境市场治理需要以满足特定的国家利益为前提，以跨境资本市场为例，政策实施在关键时刻和关键领域仍需依赖强有力的国家主导行动，积极引导非国家货币使用者填补管理松散的全球金融市场空白，扩大人民币国际化的市场需求。

---

① Hong Kong Monetary Authority（HKMA）， "Capturing New Opportunities with Well-established Rules and Regulations"，2020，https：//www.hkma.gov.hk/eng/news-and-media/insight/2020/07/20200723/.

第八章　境内资本市场对外开放历程

中国境内资本市场的建立和对外开放在不同轨道上同时推进，与 20 世纪 80 年代以来整个社会变革的大趋势相吻合。在机构层面，证券交易所和中国证监会的设立体现了体制改革与勇于创新的时代背景。在机制层面，境内上市外资股（简称"B 股"）的创设则充分体现了中国资本市场对外开放的大胆尝试。从对外开放的不同历史阶段来看，B 股市场以及后来的境内企业赴境外上市、合格境外投资者投资境内资本市场等相关制度（包括 H 股、红筹股和 QFII）都是中国根据自身的历史和社会条件针对境内资本市场所作的改革尝试。而作为社会主义市场经济制度改革的历史性创举，B 股市场的发展历程无疑最具代表性。本章将对中国 B 股市场的诞生背景和发展历史进行全面回顾并深入分析与其相关的其他境内资本市场基础设施建设过程。

一　特殊背景下诞生的 B 股市场

B 股又称人民币特种股票，是以人民币标明面值并以外币认购和交易的股票，只能在境内证券交易所上市交易。1991 年 11 月 12 日，中国人民银行、上海市人民政府发布了《上海市人民币特种股票管理办法》；同年 12 月 5 日，中国人民银行、深圳市人民政府发布了《深圳市人民币特种股票管理暂行办法》；随后，中国人民银行上海市分行和原深圳经济特区分行分别发布了相关实施细则。根据上述办法规定，B 种股票由以下境外投资者以外汇进行交易：（1）外国的自然人、法人和其他组织；（2）中国香港、澳门、台湾地区的自然人、法人和其他组织；（3）定居在国外的中国公民；（4）法律规定或主管机关批准的其他投资者。

事实上，B 股市场的出现和证券交易所的创建都具有特定历史时期的政治经济背景。20 世纪 90 年代初，国际资本的流动明显倾向于"亚洲四小龙"和其他东南亚国家，而东欧国家在发生了急剧的社会变革之后也表现出急于吸引国际资本的态势。当时的中国内地因为部分西方国家的经济围堵策略而出现了境外投资的大规模撤出。同时，由于当时中国较多采用国际长期信贷和实业投资的模式，境外投资并没有形成股权投资或证券融资的方式。面对冷战结束后世界全新的政治经济格局以及内外各种压力，中国政府表现出了相当水平的判断力和执行力，从重点城市开始加速境内资本市场的基础建设和对外开放①。

在人民币未成为自由兑换货币的情况下，如何既让境外投资者利用证券投资的形式买卖中国股票，又避免还处于萌芽期的中国证券市场不至于过早地承受国际资本冲击所带来的风险，是摆在决策者面前的一道难题。而 B 股市场恰恰为此而生，其制度创新主要有四点。首先，为企业创设了全新的筹集外汇资金的平台。与对外借款和发行外币债券相比，发行 B 种股票筹集外资只需支付股息、红利，不需要还本，可以避免出现周期性还偿高峰。其

---

① 1990 年，时任上海市市长朱镕基在香港考察，在宣布即将成立上海证券交易所的同时，也欢迎国际投资者以股票形式直接投资上海的有关产业。国际媒体普遍认为，朱镕基的这个表态，不仅显示了一种政治信号，更突出了最基本的经济方向。

次，为政府开辟了相对安全的外汇交易监管渠道。由于 B 股以人民币标明面值并以外币计价交易，境外投资者无论是购买还是分得股息红利都需要将人民币换成外币，因此投资风险和汇率变动风险均由境外投资者承担。再次，境内企业发行 B 股以后，间接受到境外投资者的监督，上市企业必须按照国际惯例办事，通过参与国际市场竞争改善经营管理，最终提高经济效益和国际知名度。最后，境内企业发行 B 股，吸引境外投资者直接参与境内证券市场，整体上优化了市场投资结构。

二　上海和深圳的 B 股市场发展

1990 年 12 月上海证券交易所成立并开业，为海外投资者参与上海的股票投资创造了条件；与此同时，上海的股份公司、国有企业、中外合资企业对发行 B 种股票也表现出极大的积极性。1991 年，中国人民银行上海市分行已将"发行人民币特种股票"列入议事日程，成立了由上海市分行主管牵头、上海申银证券公司参加的特种股票研究小组①。与此同时，作为经济特区的深圳也在积极探索并制定发行 B 股的具体方案②，中国人民银行原深圳经济特区分行早在 1990 年就向中国人民银行总行提出要通过发行股票筹集外资。在对外沟通洽谈的过程中，海外一些著名跨国企业

---

① 实际上早在 1989 年，上海申银证券公司管理层就向中国人民银行上海市分行提出了发行人民币特种股票的可行性报告。报告建议通过发行人民币特种股票，吸引国外资金直接进入中国市场。当时的中美合资施贵宝制药有限公司对发行人民币特种股票很感兴趣，上海申银证券公司也帮助它做了可行性方案以及发行人民币特种股票的前期准备工作，但这项工作因为各种原因最终并未得到落实。

② 1989 年春，深圳资本市场领导小组提出要把股票作为一种吸引外资的工具。这个政策的提出出于多方面考虑：一是随着 1988 年"深发展"上柜交易，深圳证券市场开始启动；二是深圳作为特区，经济发展强调外引内联，引入国内外资本本来就是其职责所在；三是深圳外资企业多，体制灵活，具有外国资本进入的条件。

对于在中国境内共同发行 B 股均表示出极大的兴趣①。种种迹象表明，发行 B 股的条件逐步成熟。最终，中国人民银行分别在 1991 年 11 月和 12 月与上海、深圳两地政府部门联合发布了人民币特种股票的相关管理办法，这标志着在中央政府的许可下，上海和深圳两地首先开始了证券市场对外开放的试点。

1991 年 11 月，上海真空电子器件股份有限公司（简称"电真空公司"）经上海市人民政府和中国人民银行批准，在原有 2 亿元人民币注册资本金的基础上，增资发行 100 万股 B 股。1991 年 11 月 30 日，电真空公司委托上海申银证券公司作为主承销商同境外证券包销商正式签订了股票发行承销协议书，正式拉开了发行 B 种股票的帷幕。1992 年 2 月 1 日发行结束，2 月 21 日电真空 B 股（简称"真空 B"）成为中国境内第一只人民币特种股票。随后，"深南玻 B"于 1992 年 2 月 28 日在深交所上市，成为深交所第一只 B 股股票②。

从 1992 年到 1994 年底，陆续有 50 余家公司在沪深两市 B 股市场发行上市。在此期间，相关监管机构陆续发布了《上海证券交易所交易市场业务（人民币特种股票）补充规则》《深圳证券登记有限公司关于深圳市人民币特种股票登记暂行规则》《深圳市人民币特种股票投资者开户暂行规则》《深圳证券交易所 B 股对敲交易暂行规则》等相关规定，上述规定共同构成了地方性 B 股试点

---

① 1991 年 12 月 18 日，深圳市举行 9 家上市公司 B 股承销签字仪式。在美国证券市场处于领先地位的美国摩根士丹利证券公司以及中国香港新鸿基、百富勤、浩威、渣打亚洲、法国里昂等投资银行以及渣打银行、汇丰银行、花旗银行等均参加 B 股的包销、经纪和清算业务。这次深圳 B 股以溢价方式发行筹资约 1 亿美元，而海外投资者意向性地购买 B 股的数量，要超过实际发行量的 5 倍以上。世界银行国际金融公司也找当时的中国人民银行深圳特区分行商谈，要求"开后门"购买 B 股，并认购了部分"深中华"。

② 深交所通过德励财经资讯传输系统向全球 150 多个国家和地区同时揭示行情。深圳 B 股最初集中交易时使用的挂牌货币是人民币，用港币结算。1993 年 3 月 22 日改为使用美元作挂牌货币，仍用港币结算。1993 年 6 月 28 日改为使用港币进行挂牌、使用港币进行结算，并一直沿用至今。

规则体系。1995 年 12 月 25 日，《国务院关于股份有限公司境内上市外资股的规定》正式颁布，我国第一部全国性 B 股法规诞生。1996 年 5 月 3 日，国务院证券委员会发布《股份有限公司境内上市外资股规定的实施细则》，逐步统一并完善了全国性 B 股市场的法律规则体系。

三　B 股市场的历史困局

2001 年 2 月 19 日，中国证监会发布境内居民可投资 B 股市场的决定。但根据中国证监会、国家外汇管理局 2001 年 2 月 22 日发布的《关于境内居民个人投资境内上市外资股若干问题的通知》规定，境内投资者新入市的资金要到当年 6 月 1 日方可进场。结果，2 月 19 日至 5 月 31 日期间，B 股大升，涨幅接近 200%。尽管沪深两地交易所发布了停止交易公告，B 股停市 4 天，但 2 月 28 日对境内居民开放首日，由于大量买盘以涨停板的价格参与集合竞价，而卖出盘寥寥无几，B 股全线无量涨停。涨停板从 2 月 20 日持续至 3 月 6 日，从 3 月 7 日打开涨停板之后至 5 月 31 日，场外资金的大量涌入推动形成井喷行情，两市均放出了 2001 年度的天量，其中沪市成交 16 亿美元。

2001 年 3 月 14 日，中国人民银行在对中国证监会《关于 B 股市场新股发行有关问题的请示》（证监发〔2001〕34 号）意见的函中指出，允许境内居民个人投资 B 股市场的初衷是利用 B 股市场吸引一部分境内居民合法持有的外汇资金，以达到支持国民经济发展的作用。但该制度出台后，境内居民可能成为 B 股市场的主要投资者，导致 B 股丧失其原本的吸引外资的功能，同时还可能引发诸如境外机构投资者操纵 B 股市场而损害境内居民投资者利益、境内企业通过境内居民个人间接投资 B 股市场、外汇管理成本增加等潜在风险。因此，中国人民银行建议在 2001 年 6 月 1 日前，B 股市场暂不发行新股，同时抓紧组织人员对新股发行涉及的有关问题进行研究论证，2001 年 6 月 1 日以后，经国务院批准后再发行新股。

同时，监管层要求 2001 年 2 月 19 日后存入境内商业银行的现汇存款和现钞存款以及从境外汇入的外汇资金在 6 月 1 日以后才能进入 B 股市场交易。但是，2001 年 6 月 1 日后入市的境内投资者几乎全线被套。两市 B 股市场也从此陷入调整，其中上证 B 股指数跌幅接近一半。此后，随着境外投资者的减持或离场，股指一路下行，至 2005 年 12 月最低下探 59 点，成交量急剧下降。

事实上，2001 年 2 月 B 股市场对境内投资者开放的决定发布后，整个市场就陷入一个较为被动和尴尬的境地。首先，向境内投资者开放后 B 股这个小市值的市场涌入了大量的短期资金，B 股市场暴涨，长远而言使得 B 股市场不再具有投资价值。其次，从相关上市公司和 B 股市场交易的信息中可以发现，开放后这部分增量资金绝大部分来自境内的散户投资者；而 2002 年 2 月至 4 月，早期进入 B 股市场的境外机构陆续撤离，使得 B 股市场演化成另一个境内投资者的市场。

由于 H 股和"红筹模式"等境内企业赴境外上市渠道逐步拓展和放开，加上境外资本市场具有更加成熟的制度体系和相对明确的上市申报预期，境内企业纷纷赴境外上市。同时，QFII 制度的出台也打通了境外投资者直接投资 A 股市场的渠道，导致 B 股市场融资能力进一步减弱，市场交易量也不断下降。至此，B 股市场究竟是维持运行还是和 A 股合并成为决策者长期犹豫不决的一个问题。

四 跨境投融资渠道的替代性作用

在 B 股市场热度逐渐消退的过程中，取而代之的一个政策是对于境内企业申请境外上市和境外融资予以积极鼓励。纽约交易所、伦敦证交所、德国交易所、东京证交所、韩国证交所、新加坡交易所都频频出现中国内地上市公司的身影，而香港则是吸纳内地企业上市最多的地区。1992年中国证监会成立不久，即展开了创设H股的准备工作。1993年6月，内地企业开始试点在香港上市。1993年6月29日，青岛啤酒股份有限公司在香港招股，7月15日正式上市，成为中国内地首家在香港H股市场上市的国有企业。此后，不仅到香港上市的内地企业越来越多，随着1994年8月《国务院关于股份有限公司境外募集股份及上市的特别规定》的实施，在美国、新加坡、伦敦等证券市场发行上市的内地企业也越来越多。

1994年8月，山东华能成功赴纽约挂牌上市，成为首家"N股"公司。1997年3月，北京大唐发电股份有限公司在伦敦证券交易所成功挂牌上市，成为首家在伦敦上市的中国公司。1993年10月，中远集团收购了在新加坡上市的Sun Corp公司，成为最先在新加坡上市的中资企业。1997年5月，天津中新药业在新加坡上市，成为第一家中国籍"S股"企业。

海外上市不仅仅拓宽了中国企业的融资渠道，而且还使海外投资银行开始接触中国市场，国际投资者进一步了解了中国的状况，增强了他们投资中国的信心。同时，海外上市也使国有大型企业加速转变经营机制，提高国际知名度和竞争力，更使中国的证券界开始了解自身与国际成熟资本市场的差距和不足。

然而，正因为H股、红筹股的大量发行，B股市场的国际融资功能减弱。无论市场总体规模还是单个股票流通规模，均不能与红筹股、H股相比。

从境内资本市场的历史发展来看，内地A股市场已经逐步成为推动国内企业制度改革、上市和价值发现的重要场所，而 B 股市场则在跌宕起伏之中成为对外开放、吸引外资投资中国企业的本土市场，这两个市场构成了中国证券市场早期发展的两大支柱。在我国证券市场发展初期，尽管存在许多问题，但在谨慎的金融开放策略和严密的外资监管政策之下，境内资本市场得以健康成长，现代企业制度得以初步建立，为日后跨境资本市场的体制创新奠定了基础。

自 2019 年以来，中国证监会加快推动资本市场基本制度改革，希望引入更多境外长线资金投资境内资本市场。与此同时，国家外汇管理局也在 2019 年 9 月取消了 QFII 和 RQFII 投资额度限制。在此基础上，2020 年施行的《合格境外机构投资者和人民币合格境外机构投资者境内证券期货投资管理办法》对相关投资分账托管、证券投资比例限制和信息披露、外汇和人民币投资资金汇兑等各方面操作规程进行了清晰的界定，进一步便利了境外投资者对中国境内资本市场的投资，为新一轮金融开放措施的实施奠定了基础。2020 年 7 月，中国证监会主席易会满在中国证券监管系统年会上作了题为《集中力量办好资本市场自己的事 更好服务疫情防控和经济社会发展全局》的报告，并强调要"逐步统一、简化外资参与境内市场的渠道和方式"。和互联互通机制一样，QFII 和 RQFII 制度也是中国资本市场对外开放较为重要且影响较为广泛的体制创新。在梳理 B 股市场发展历程的基础上，我国央行和监管部门对推进金融开放的策略做了相应调整，中国多层次资本市场的活跃度、金融产品和金融服务的复杂程度以及交易主体的丰富性都发生了结构性变化。

第九章　境外资本市场基础设施建设

全球资本市场指数（如 MSCI）的代理机制是国家和全球金融市场上的私人投资者之间市场关系的主要维护渠道，也是提高人民币对全球私人投资者配置吸引力的主要场所。如前所述，互联互通机制成为外国私人资本流入中国股票和债券市场的主要通道，绝不是中国对全球投资者的自然反应，也不是全球金融体系中私人市场主体的自发反应[1]。这是一个谨慎的发展过程和结果。互联互通机制旨在鼓励私人投资者以人民币进行国际证券市场交易，并在其投资组合中持有人民币资产。中国人民银行一再表示，希望在互联互通机制的基础上"利用市场机制增加人民币在资本市场的使用"[2]。同样重要的是，指数编制机构在人民币作为全球投资储备货币的发展过程中的作用，以及它们的决定对资本流动的影响。当中国的股票和固定收益产品被添加到一个指数以后，几乎每一个资产经理和每一个跟随基准的基金都必须投资中国，而不管他们的注册地如何看待中国。重大的市场变化趋势使中国政府努力的方向从依靠国家与国家之间的关系转变为在最终市场上

---

① According to HKMA, over 50% of Cross-border Equities Investments and 70% Cross-border Bond Investments were Routed through Connect Schemes in 2019, https://www.hkma. gov.hk/eng/news-and-media/insight/2020/07/20200723/.

② 中国人民银行研究部门相关人员访谈，2019 年 11 月，深圳。

获得非国家市场主体和私人货币使用者的支持。

一 国家与国家之间的议价（2011～2014年）

在互联互通机制推出之前，中国政府已经通过 RQFII 和银行间债券市场（CIBM）建立了境外资本进入境内资本市场的机制。然而，市场准入（例如，通过 RQFII）在以前以投资者的居住地为基础条件，只有少数几个签署了双边协议的国家或地区的投资者可以获得投资许可证和配额。因此，以前的市场准入机制是通过双边外交谈判形成的，而不是为满足一般商业需求而设计的。这些机制也被认为并不是针对全球资产组合投资者特别是那些刚到中国或投资风格相对不稳定的投资者而设计的，因为整个投资过程的成本太高，具体操作程序也很麻烦[①]。

以 RQFII 的形式提供离岸人民币投资基础设施，特别反映了内地对政府间谈判的重视。当时，对市场准入规定和投资配额分配的考虑主要集中在政府之间的合作上，并围绕着双边谈判的传统方式进行。RQFII 的推广不可避免地涉及一系列的外交努力，比如在开展双边战略经济对话的同时给予市场配额等。

中国利用其外交关系，希望通过有选择地给予一些拥有系统性重要金融部门的国家市场准入许可，使某些更支持人民币国际化的国家获得先发优势，从而影响全球资产组合选择和资本分配。然而，这种策略建立在一个值得商榷的假设基础上，即接受国将被激励并有能力影响证券投资者的资产组合选择和资本分配。如果没有进一步的政策调整来培育全球资本市场对人民币计价资产的可扩展、可持续的市场需求，RQFII 的这种看似是独家许可的市

---

① 香港某知名 RQFII/QFII 托管银行高管访谈，2019 年 5 月，香港。

场准入的吸引力便是象征性的。而随着中国寻求扩大 RQFII 网络，其相对议价能力也因该计划失去排他性而逐步减弱。

理论上，中国资本市场为寻找收益率差异的全球投资者提供了多样化选择，可能会为追求阿尔法和贝塔的投资者提供长期机会[1]。然而，RQFII 的表现不尽如人意[2]。

虽然 RQFII 计划已经成功覆盖了 21 个国家和司法管辖区，但最活跃的市场仍然是中国的离岸金融中心，也就是香港特别行政区。此外，有五个外国市场只使用了中国给予的投资配额的一半多一点，部分国家的 RQFII 市场活跃度有待进一步提高[3]。

对国家的过度关注也导致了其他部分环节的缺失，尤其是忽略了投资人民币的私人证券投资者。事实上，基于配额的 RQFII 计划的设计是不能完全满足私人证券投资者对稳定的市场准入的关键需求的。按照投资者的"户籍地"进行市场准入的机制排除了大量总部设在欧洲或美洲等还没有积极支持人民币国际化的国家或地区的全球投资者。例如，美国是全球 100 大资产管理公司的总部所在地，但在 2015 年人民币进入 SDR 货币篮子之前，美国也不在 RQFII 试点国家和地区范围内。

换句话说，现有市场准入计划安排与国际上对人民币计价的资产的潜在兴趣是不匹配的。如果不解决私人证券投资者的关键需求，仅从人民币国际化的供应方面去努力无法推动人民币作为全球投资储备货币的发展。

---

① HSBC，"China Strategy A-Share MSCI Inclusion Factor to Reach 20%，What Next?"，HSBC Global Research，2019.

② State Administration of Foreign Exchange（SAFE），Circular of the People's Bank of China and the State Administration of Foreign Exchange on Further Facilitating Investments by Foreign Institutional Investors in Interbank Bond Markets，2019.

③ CFETS 研究员访谈，2019 年 10 月，上海。

二 从国家到市场的合作（2015～2019 年）

除了国家资助和主导的市场流动性，私人投资组合所带来的流动性也构成了人民币配置的重要市场催化剂，这表明人民币已经融入全球资本池，与世界其他地区的联系程度有所提高。然而，与私人投资者打交道需要采用与主权财富基金和主权储备管理者不同的谈判方式。美国投资研究公司和指数提供商 MSCI 2013 年提出将中国 A 股纳入其新兴市场指数的想法，并在 2015 年标出了 5% 的部分纳入系数。通过这一举动，它部分地承认了中国作为世界上最大的新兴经济体的地位。然而，后来 MSCI 放弃了这一计划，因为全球投资界的共识是，尽管存在 RQFII 和其他制度安排，中国市场为外国投资者提供的市场准入过于有限。[①]

指数纳入过程的一个明显特点是私人投资者而不是主权国家拥有最终"发言权"。在连续两年与 MSCI 指数失之交臂之后，中国政府认识到需要与 MSCI 进行某种层面的谈判，以完成国家主导的境内市场和境外市场合作，为中国境内的股票纳入 MSCI 指数铺平道路。通过定期审查和咨询调查，MSCI 促进了组合投资者角度的信息交流，并提出了解决技术障碍的方案，因为中国政府评估并实施了可能促成合作的调整。在每一次的咨询中，MSCI 都会根据全球投资界提出的意见向中国提出改进的建议。经过多次讨论，MSCI 将市场意见不断转化为可操作的信息，2015 年 MSCI 和中国证监会建立了一个工作组，这是一个较为少见的举措[②]。

---

① MSCI, "Results of 2014 Market Classification Review", 2014, https://www.msci.com/eqb/pressreleases/archive/2014_Mkt_Class_PR_Eng.pdf.

② MSCI, "Results of 2015 Market Classification Review", 2015, https://www.msci.com/documents/10199/238444/Results + of + MSCI + 2015 + Market + Classification + Review/5f8d9f3b − 67b9 − 4f9f − 83d1 − ce6227a496a2.

从早期阶段开始，拥有全球资产投资组合的私人投资者就表示他们对互联互通机制比其他市场准入机制更满意，他们认为，"上海/香港股票互联互通机制……有可能缓解目前 QFII/RQFII 系统所带来的一些市场准入问题"[1]。对主要指数编制机构的纳入范围的进一步研究也显示了他们对互联互通机制的偏爱。例如，富时罗素在其全球股票指数和新兴市场指数纳入 A 股的决定中明确指出，"通过北向股票互联互通机制可以获得互联互通的市场"[2]。标准普尔道琼斯指数在其纳入 A 股的决定中也有类似的提法，指出可通过"沪港通和深港通的北向渠道"进行交易[3]。

作为一个私人市场主体，MSCI 很少行使权利将中国拖入关于资本账户自由化改革的敏感政策辩论中，但这种辩论在国家之间的双边或多边谈判中却经常发生。进入指数编制机构的纳入范围的另一个好处是绕过敌对或竞争国家可能施加的潜在路障，提高中国与全球证券资本的连接能力。值得注意的是，尽管 2019 年美国特朗普政府将中国列为"汇率操纵国"，但 MSCI 仍将 A 股的权重提高四倍。在中国政府看来，MSCI 持续增加 A 股在其指数中的权重，证明了中国在新兴经济体中作为投资目的地的重要性在增加[4]。

要理解这样的战略或政策互动过程，首先要理解美国和中国在体制能力和市场发展阶段方面有很大的不同。作为一个倡导基

---

① MSCI, "Results of 2014 Market Classification Review", 2014, https://www.msci.com/eqb/pressreleases/archive/2014_Mkt_Class_PR_Eng.pdf.

② FTSE Russell, "FTSE Russell's Reclassification of China A-shares", 2018, https://content.ftserussell.com/sites/default/files/press/ftse_russell_country_classification_news_release_26sep18.pdf?_ga=2.162892922.770187228.1572869009-257951621.1572869009.

③ S&P Dow Jones, "S&P Dow Jones to Add Certain China A-shares, Kuwait in Global Benchmarks in 2019", 2018, https://www.spglobal.com/marketintelligence/en/news-insights/trending/hxdmopswi2c_c7xiyhxfoq2.

④ 中国人民银行研究部门相关人员访谈，2019 年 11 月，深圳。

本自由经济秩序的开放市场，美国有体制能力制定规则和国际条例，以影响希望利用其市场基础设施的全球市场参与者[①]。很明显，中国至少在目前这个阶段还没有同样水平或同样类型的体制能力来约束国际投资者[②]。因此，通过利用世界第二大经济体和第二大资本市场所提供的市场规模，中国将其金融力量完善与为进入其国内资本市场的全球投资者提供潜在回报融为一体。在这个过程中，中国找到了一个替代渠道，通过这个渠道让非主权国家的私营机构利用市场机会进入其相对封闭的资本市场。为此，MSCI 对中国政府处理这一问题的灵活做法给予了高度评价，"中国已经做出明确的承诺，使中国 A 股市场的可及性更接近于国际标准"[③]。

为此，指数纳入在 2018 年至 2019 年期间为中国带来了平均每月 83 亿美元的流入，而在此之前的 2017 年还不到 10 亿美元。总体而言，到 2019 年，人民币对外组合结算占中国内地所有类型的跨境人民币流动的 70%，而在货物贸易结算中使用人民币的比例不到 15%[④]。

---

① Steven Vogel, *Marketcraft: How Governments Make Markets Work*, Oxford University Press, 2018.

② Chen Weitseng, "Lost in Internationalization: Rise of the Renminbi, Macroprudential Policy, and Global Impacts", *Journal of International Economic Law*, 21, 2018, pp. 31 – 66.

③ MSCI, "Results of MSCI 2016 Market Classification Review", 2016, https://www.msci.com/documents/10199/4b1ba122 – 5f18 – 4a36 – 91c0 – 41a9b358c2ff.

④ 数据来自 Wind、彭博社和中国人民银行。

第十章　互联互通机制的经验启示

互联互通机制的成功实践对于跨境资本市场治理有着重要的示范性意义。首先，对于国际市场而言，互联互通机制自2014年推出以来逐渐受到国际金融市场和境外证券投资者的认可。在境外投资者持有的境内金融资产中，70%的跨境股票投资和50%的跨境债券投资分别是通过香港的"股票通"和"债券通"进行交易的，这证明互联互通机制在境外证券投资者中越来越受欢迎。

其次，对于境内资本市场而言，互联互通机制通过推动跨境资本市场制度改革，可以间接提升境内证券监管水平和证券投资的国际化水平。目前国际上的机构投资者难以参与到内地资本市场中，除受市场准入、资本项目管制的制约外，还与市场监管与制度环境不完善、上市公司治理规则和财务披露标准与国际主要市场体系尚未接轨等问题相关。沪港通和深港通的推出可打通内地与香港两地股市的物理连接，随之而来的制度竞争会迫使内地股市尽快向香港及国际资本市场的交易制度和监管规则看齐，以增强自身市场对于境外投资者的吸引力。

总体而言，内地与香港两地投资者的长期频繁互动将提高市场交易的整体水平，优化投资者结构。通过参与港股交易，内地投资者可以逐步熟悉国际化资本市场的市场操作，借鉴参考国际投资者的投资理念。与此同时，境外机构投资者带着不同的投资理念和监督意识进入内地股市，也能够促进境内上市公司治理水平的提高，推动境内资本市场监管体系的完善。

更重要的是，互联互通机制是中国内地与香港之间资本市场的特殊准入计划，有其特定的基础设施安排，如交易平台、清算和结算系统以及交易规则和惯例。这些特定的基础设施安排能够帮助全球投资者进入中国相对封闭的资本市场，并实现从境外投资人民币计价的证券和固定收益产品，而不需要进行相应的国内改革①。可见，互联互通机制的设计者已经全面考虑了内地与香港双方的利益以及制度试验可能带来的风险，尤其对于内地监管部门格外重视的外汇管制需求和金融系统性风险进行了长期讨论，最终形成了一个各得其所、各不干预、风险可控的试验计划。

一　市场之力：为全球投资者破除障碍

互联互通机制的重要突破是重新定义了组合投资者与内地机构在投资的各个阶段的连接方式，带来了效率水平的提高和操作的便利。从投资者的角度来看，互联互通机制带来的四个好处加速了他们对人民币计价资产的配置。

第一，互联互通机制在很大程度上解决了在中国开展投资的关键瓶颈问题：全球证券投资者缺乏一致的市场准入。全球投资者，无论是机构还是个人，现在都可以通过互联互通机制在世界的任何地方投资中国。投资者也可以主要根据他们对相关潜力的评估来决定是否投资，而不用担心市场进入和退出障碍②。

---

① Johannes Petry, "Financialization with Chinese Characteristics? Exchanges, Control and Capital Markets in Authoritarian Capitalism", *Economy and Society*, 49, 2020, pp. 213 – 238.

② 参见 USCC, China's Quest for Capital: Motivations, Methods, and Implications, 2020, https://www.uscc.gov/sites/default/files/Panel％20III％20Loevinger％20Written％20Testimony.pdf。

第二，互联互通机制取消了所有直接在岸投资所需的冗长的正式审批程序。从资格审查、许可证申请、配额分配、投资规划到开户，层层审批，往往都是主观进行的，让潜在投资者望而生畏。在进行实际投资之前，往往需要几个月，甚至几年的时间①。在互联互通机制下，这些环节被简化为简单的备案。例如，中国人民银行通过委托 BCCL 代表其核实文件并签字见证，将审批时间缩短为平均三天。

第三，互联互通机制允许来自所有司法管辖区的证券投资者以类似于其本国市场的方式投资合格的人民币资产。在主要的长期国际经纪商、托管人和结算机构的推动下，投资者可以通过一个国际平台（如彭博）将他们的订单传送到指定的离岸地点（如香港），中国的离岸基础设施（如债券通）便会将他们的订单转换成中国境内订单。

第四，互联互通机制更公平地对待具有不同业务特点（如对冲基金）和交易策略以及来自不同国家的更广泛的证券投资者。以前，主权投资者通过中国银行间债券市场（CIBM）在固定收益市场享有某些特权，而私人投资者则必须经过一个复杂的过程，通过对中国做出长期承诺来证明自己的可信度②。互联互通机制在短短几年内成功解除了与证券投资者有关的跨境金融投资交易方面的主要限制，鼓励外资参与中国股票和债券市场，并最终促进了中国股票和债券被纳入全球领先指数。

二 政府之力：帮助国内监管机构实现政策目标

尽管通过互联互通机制进行的投资在外观和感觉上与在一个

---

① 香港某知名 RQFII/QFII 托管银行高管访谈，2019 年 5 月，香港。
② CFETS 工作人员访谈，2020 年 4 月，上海。

真正自由化的资本市场进行的投资相似，但互联互通机制的运作与其他先进市场的机制有很大不同。

最重要的是，互联互通机制将推动人民币国际化作为一个目标，通行机制的设计以增加人民币证券投资为中心，同时也控制跨境人民币证券投资流动的波动性。这种制度设计有意将跨境证券投资流入与国内市场流动隔离开来，以避免国内金融改革不得不与人民币国际化同时推行[1]。

互联互通机制下的市场基础设施允许组合投资者的交易订单进入在岸市场并进行匹配和执行，用与境内订单相同的方式处理离岸订单，以实现最优的价格发现。然而，清算和结算是在互联互通机制的离岸地点进行的，因此最大限度地减少了实际的跨境资本流动。在每个交易日结束时，在岸市场和离岸交易所都通过其合资企业或实体结算净跨境流量，可以说是实现了"全球连通"，而事实上，这一机制并非完全的"资本账户自由化"[2]。虽然跨境资本外流在互联互通机制实施过程中一直呈增加的趋势，但这些外流的跨境资本成为投资者在香港持有的离岸人民币证券资产，与 2015 年至 2018 年人民币贬值动荡期间的外逃资本以及早期的离岸人民币存款不同。在岸的证券资本通过互联互通机制向香港以外离岸市场的低水平流失，实际上符合我国央行稳定人民币汇率的意图。

此外，无论是按离岸人民币（CNH）还是在岸人民币（CNY）汇率转换的外国货币（FCY），互联互通机制对人民币的独家使用都与其他新兴经济体的做法不同，其他新兴经济体在跨境资本流动

---

[1] Chen Weitseng, "Lost in Internationalization: Rise of the Renminbi, Macroprudential Policy, and Global Impacts", *Journal of International Economic Law*, 21, 2018, pp. 31 – 66.

[2] 中国人民银行法律部门工作人员访谈，2019 年 3 月，香港。

中使用完全可兑换的国际货币。换句话说，通过互联互通机制或相关经纪人购买中国在岸证券和固定收益产品的投资组合的投资者需要使用美元或其他货币购买人民币。这增加了离岸人民币交易的活跃度，并将在岸人民币资产的持有量分散到境外，同时控制投资组合流入对在岸人民币汇率的影响，从而实现"一石三鸟"①。

更重要的是，通过互联互通机制进行的证券投资及其收益不能流入中国的实体经济中，不能再投资互联互通机制范围以外的更多样化的产品，甚至不能与之前投资计划中的相同产品的持有量混合。此外，在交易完成后，投资的本金和收益必须立即返回同一离岸账户，以尽量减少在关键时刻潜在资本外逃的累积影响。这种闭环资本流动机制的安排，旨在遏制外部投资组合流向中国内地金融体系所带来的金融干扰。

简而言之，互联互通机制使中国能够在全球金融活动中增加人民币的使用并吸引证券投资，同时保留了中国现有的大部分规则和市场惯例，使中国资本账户和货币政策能够基本保持不变②。总的来说，互联互通机制促进了人民币的国际化，而且没有因为完全的资本账户自由化可能带来的有害影响而危及中国国内金融稳定。

---

① 港交所工作人员访谈，2019 年 12 月，香港。
② 中国人民银行：《中国人民银行关于人民币国际化的年度报告》，2019。

第十一章　人民币跨境资本市场发展趋势

在经历数十年高速发展后，中国 GDP 已超过美国 GDP 的 2/3[①]。但根据世界银行数据，截至 2019 年末，美国股票市场规模约为 40.7 万亿美元，而我国股票市场规模约为 12.2 万亿美元，相当于美国的 1/4。美国债券市场规模也远大于我国，以国债为例，美国国债体量约为 50.2 万亿美元，我国国债规模仅有 16 万亿美元。[②]在金融衍生品方面我国也与美国存在较大差距。

国家外汇管理局统计数据显示，2016 年至 2020 年上半年，境外投资者累计净增持我国债券和股票（含基金）4673 亿美元。仅 2020 年上半年，境外投资者合计净增持我国债券和股票达 729 亿美元。海外投资者配置人民币资产的强大需求为人民币国际化提供了理想的土壤，同时也为我国与其他国家金融市场的互联互通提供了良好的发展契机，推动中欧市场互联将成为我国资本市场对外深入开放的重点。

在证券市场方面，2018 年中国 A 股正式被纳入 MSCI 新兴市场

---

①　根据汇率测算法，中国相对美国的 GDP 由 1990 年的 6.05% 上升至 2020 年的 70.32%；根据美国官方的数据，2021 年中国 GDP 占美国 GDP 的比重升至 76.4%。参见李兆辰等《GDP 国际比较方法及中美 GDP 相对变化趋势》，《贵州财经大学学报》2024 年第 1 期，第 15 页。

②　王永钦、李蔚、薛笑阳：《大国债市：中美比较的视角》，格致出版社，2023。

指数，为境外投资者持有人民币资产提供了契机。随后沪港通、深港通和债券通等举措相继出台，监管部门修订 QFII、RQFII 制度，将其合二为一，降低了合格境外机构投资者的准入门槛，进一步放宽了准入条件。

2019 年，上交所、中金所和德交所开始积极筹备沪德通。与沪港通、深港通机制下投资者直接进入对方市场买卖股票的模式不同，中欧互联互通机制是将基础股票转换为存托凭证，中国企业可以通过到欧洲证券交易所发行全球存托凭证（GDR）的方式进行融资；欧洲蓝筹企业也可以通过发行中国存托凭证（CDR）在中国境内交易所上市。此外，中欧也在考虑推动构建基金互认机制，搭建中欧金融市场通行证（EU-China Passport）框架，通过将符合规范要求的中国人民币基金产品推向欧洲金融市场，便利境外投资者配置人民币资产，提升国际资本使用人民币进行投资的便利性。

此外，我国监管部门也在积极考虑加强与法国资本市场的合作。法国政府一直倡导建立多极化国际货币体系，尤其是在英国脱欧后，法国一直在寻求成为欧洲金融中心的机会，对构建离岸人民币市场中心兴趣浓厚。法国拥有欧洲最大的公司债券市场，其规模大于英国和德国。同时，欧洲市场最重要的泛欧交易所（EURONEXT），总部位于巴黎，是欧洲第一大证券交易所，2019年底该交易所总市值达 4.5 万亿欧元。泛欧交易所市场横跨法国、荷兰、比利时、葡萄牙、英国、爱尔兰和挪威，将成为我国未来推动中欧资本市场互联互通的重要合作伙伴。

在债券市场方面，投资者多元化是成熟债券市场的特点之一，引入国际投资者可增加国内债券市场的资金供给。近年来，中国人民银行、国家外汇管理局稳步推进银行间债券市场的有序开放。

目前，境外机构投资者可通过 QFII/RQFII、直接入市、债券通等多种渠道投资我国银行间债券市场。截至 2020 年 8 月，境外投资者持有我国债券的总规模超过 2.8 万亿元人民币，我国债券市场受到境外投资者的青睐。未来我国债券市场可借鉴欧洲美元债券成功经验，进一步拓展人民币欧洲债券市场，丰富人民币债券境内外发行人和投资人群体，不断提高国际债券发行中的人民币债券规模占比，促进我国金融市场与国际债券市场的广泛融合。

人民币国际化在欧洲的发展过程，其实就是全球资本市场互联互通的发展过程，也是人民币在国际货币市场和国际投资市场的发展过程，是一个系统化的发展过程。监管部门只有逐步完善金融市场基础设施建设，不断丰富可交易可投资的人民币金融产品种类，包括资产证券化、股票期权、国债期货等复杂金融产品，同时加快推广效率更高、成本更低的新一代货币及金融风险定价模式，逐步提高监管的前瞻性与透明度，才能把握好人民币国际化的步骤和节奏，不断稳定和有效引导各类市场参与者的政策预期，持续提升海外投资者长期配置人民币资产的信心，从而逐步实现人民币国际化的最终目标。

第十二章 结论与评析

21世纪以来，以美元为主的单一化的国际货币体系，逐步暴露出制度性缺陷，开始向多极化方向发展。从长远来看，人民币国际化不仅有利于我国经济快速健康发展，提升我国国际影响力，同时也有利于增加全球货币体系的稳定性，为国际投资者提供更加多元化的资产配置选择。如果以人民币计价的金融资产的购买和销售量来衡量，中国在全球资本市场上的影响力越来越大，推动了人民币作为全球投资储备货币的发展。在这个过程中，国家与市场的关系是互动的关系，中国在人民币国际化方面综合运用政策创新，针对全球市场和投资者，促使他们增加以人民币计价的资产配置。

本篇论述了中国是如何利用指数编制机构在全球货币事务领域的作用来推动人民币国际化和增加外国证券投资者对人民币的市场需求的。利用指数编制机构在动员私人资本方面的作用，中国在外国国家主体参与程度相对较低的情况下抓住了指数纳入的机会。研究结果有两个方面的贡献。首先，在人民币国际化的进程中，人们更加关注人民币作为投资储备货币的发展前景，作为投资储备货币是人民币作为国际货币的一个重要功能，但这在学术讨论中还没有得到充分重视。其次，互联互通机制使得人民币国际化摆脱了双边谈判的传统框架，并为避免这种谈判开辟了新的途径。

需要特别注意的是，要将互联互通机制的效果复制或推广到其他人民币国际化项目中可能并不简单，中国面临的挑战仍然是艰巨的，人民币国际化进程的推进仍然需要有长远的规划及稳妥的策略。

下篇

资本市场的协同发展

中国和美国两大经济体的经济发展表现除了对它们各自的本地资本市场产生直接影响，还会对全球其他资本市场产生间接影响。其中，香港作为国际金融中心和国际贸易中心，其本地货币与美元直接挂钩，其金融体系和资本市场同时受到中美两大经济体的影响，与中美市场基本面高度相关。从香港股票市场主要指数的历史表现来看，香港市场与内地经济表现有直接关联关系，并且关联程度在互联互通机制推出以来明显增加。但与内地A股市场有所不同，香港股票市场受到多个海外市场（包括美国市场、欧洲市场和亚洲市场）以及本地市场的叠加影响，外向程度无疑更高。换言之，香港股票市场的表现是中国境内和境外两个市场在不同评价机制下交互作用的综合体现。从2015年以来的历史记录来看，香港股票市场和互联互通机制的实施增加了人民币（包括在岸人民币和离岸人民币）相关证券投资产品对于国际资金的吸附能力，间接带动了人民币作为国际投资储备货币的发展。同时，互联互通机制的推出加速了内地资本市场的有序开放，促进了我国跨境金融治理的实践创新，使得中国境内和境外两个市场在"本币驱动"和"闭环监管"的前提下产生了更为正面的资金聚集和价值发现效用。

自2014年沪港通和2016年深港通推出以来，中国境内和境外两个市场的协同效应越来越明显，这对于价值投资者而言无疑是利好消息。内地与香港股票市场交易互联互通机制为两地投资者提供了一个重要的投资渠道，使他们可以各自买卖对方市场上的合资格股票。该机制一方面开放了内地的在岸股票市场让全球各地的投资者参与其中，另一方面使内地投资者得以在国外进行资产配置，使其投资组合变得多元化。从历年数据来看，经互联互通机制流入的资金对香港股票市场表现的影响逐渐扩大。

从监管者角度看，推动两个不同的市场互联互通，确实有可能产生监管套利行为，因而相关部门在推出互联互通机制之初就已经设定了各种实施条件，例如沪港通每日交易额度的限制。然而，对于国际投资者而言，上述限制并不影响他们的投资决策，因为互联互通机制有利于提高市场透明度，更有利于客观评价内地不同行业和不同企业的证券价值。从 2015 年以来香港恒生指数的数据来看，内地新兴产业（包括互联网和新能源等）以及腾讯、京东、阿里巴巴等大型科技企业对于香港股票市场的影响力日渐显著，而上述科技企业并未在内地 A 股上市，导致两地市场对于中国科技企业的评价和反应并不一致，这一差异对于相关投资决策必然会产生实质性影响。从更为宏观的市场判断角度而言，可以把股票市场指数看作衡量不同区域经济发展状况和企业表现的标准，香港股票市场指数（主要包括恒生指数①和恒生中国企业指数②）和内地股票市场指数（主要包括上证综合指数③和深证综合

---

① 恒生指数由香港恒生银行全资附属的恒生指数服务有限公司编制，是以香港股票市场中的主要上市股票为成份股，以其发行量为权数的加权平均股价指数，是反映香港股票市场价格波动和趋势的最有影响力的一个指数。该指数于 1969 年 11 月 24 日首次公开发布，基期为 1964 年 7 月 31 日，基期指数定为 100。恒生指数的成份股具有广泛的市场代表性，其总市值占香港联合交易所有限公司（简称"联交所"）市场资本总额的 90% 左右。为了进一步反映市场中各类股票的价格走势，恒生指数于 1985 年开始公布四个分类指数，对 33 种成份股进行分析，并纳入工商业、金融、地产和公共事业四个分类指数中。

② 恒生中国企业指数也称 H 股指数。该指数是以所有在联交所上市的中国 H 股企业股票为成份股计算得出的加权平均股价指数。设立恒生中国企业指数的目的，主要是为投资者提供一个反映在香港上市的中国 H 股企业的股价表现的指标。该指数的计算公式与恒生指数相同。

③ 上证综合指数简称"上证指数"或"上证综指"，由上海证券交易所编制，其样本股是在上海证券交易所上市的全部股票，包括 A 股和 B 股，反映了上海证券交易所上市股票价格的变动情况，自 1991 年 7 月 15 日起正式发布。

指数①）采用了不同的评价体系，而沪港通和深港通的交易数据实际上为上述两个指数评价体系提供了更多参考，无论是对境内投资者还是境外投资者而言都是增加了市场定价以及风险对冲的可选择范围。

本篇将结合主要市场的交易数据和相关指数变化进行历史回顾，以更好地理解互联互通机制推出前后中国内地与中国香港两大资本市场的关联变化、相互影响以及协同效应。从近几年的历史发展来看，内地与香港股票市场交易互联互通机制的重要性日益上升，其对香港市场的影响逐渐显著。随着内地市场因互联互通机制的推出而不断开放，多家国际指数编制机构将 A 股相继纳入它们的全球性基准指数。本篇将同时探讨有关情况对香港市场的潜在影响，包括资金流向及买卖活动方面。

---

① 深证综合指数指的是深圳证券交易所编制的，以深圳证券交易所挂牌上市的全部股票为计算范围，以发行量为权数的加权综合股价指数。深证综合指数由深圳证券交易所从 1991 年 4 月 3 日开始编制并公开发布，该指数规定 1991 年 4 月 3 日为基期，基期指数为 100 点。

第十三章　内地市场数据分析

　　党的十八届三中全会后一系列经济改革新政策不断推出，尤其是国务院在 2014 年 5 月 9 日发布了《关于进一步促进资本市场健康发展的若干意见》（简称"新国九条"），引起境内外投资者的关注。新国九条的发布体现了党中央、国务院对资本市场改革发展的高度重视，对我国资本市场的长期稳健发展产生了深远影响。新国九条的其中一个重点是建立良好的监管执法体制，严打内幕交易，重建股民信心；同时，还要扩大 QFII 投资范围以及规范私募基金和债券市场，这些都是增加企业融资渠道的方法，也为境内外投资者提供了更多及更透明的投资渠道。与新国九条出台的背景一样，股票市场互联互通机制并不是用于刺激短期股价的制度，而是推动完善整个金融体系和资本市场改革的长远策略，是党中央推动全面深化经济改革的综合配套措施。

　　（一）2015 年内地市场分析

　　上证综合指数继 2014 年攀升 52.9% 后，2015 年继续上扬 9.4%。深证综合指数继 2014 年上扬 33.8% 后，2015 年飙升 63.2%。鉴于市场预期相关部门会推出深港通，深圳股市表现较好。深证综合指数及创业板指数均升至历史高位。然而，市场对估值偏高及去杠杆监管行动的担忧抵消了部分升幅。年底，市场因政府在

"十三五"规划中承诺发展高技术产业而出现反弹。

总体而言，2015 年的内地股票市场较为动荡。年初，市场因揣测政府会推出支持措施而上扬。市场对"一带一路"相关政策和项目业绩抱乐观态度，为大市带来支持。6 月中，上证综合指数突破 5100 点，达到七年来的高位。融资余额在 6 月升至人民币 2.3 万亿元的高位。上海及深圳股市交易活跃，平均每日成交额合计在 5 月 28 日创历史新高，达到人民币 2.4 万亿元的水平。

然而，股市升势的持续存在不明朗因素，导致市场情绪不稳，市况此后出现调整。相关部门收紧融资交易规则，导致大市下跌。市场亦担心首次公开招股活动会降低资金流动性。此外，市场仍然担忧内地经济增长放缓。7 月，相关部门公布了一系列支持市场的措施。中国证监会成立股市稳定基金及暂停新股发行。中国人民银行提供流动性，支持券商透过融资买入股份。

2015 年 8 月 11 至 13 日，人民币共贬值 4.4%。全球投资者对人民币贬值感到震惊，引发国际市场对中国内地经济状况转差及人民币汇率进一步下降的担忧。对于内地政府缩减支持措施的担忧，也使得股票市场承压。上证综合指数随后跌破 3000 点水平。10 月，中国人民银行将利率调低 25 个基点，这是 2015 年内的第五次降息（2015 年共降息 125 个基点），股票市场略有回升；中国人民银行将金融机构人民币存款准备金率调低 50 个基点，这是 2015 年内的第五次降准（2015 年共降准 300 个基点）。此后，国际货币基金组织宣布将人民币纳入特别提款权货币篮子，权重为 10.92%。市场对政府推出更多支持政策抱乐观态度，支撑大市向上。然而，股市的上升趋势在 2015 年底转为下跌。由于预期首次公开发行股票注册制实施后会有更多新股上市，更多人开始担心流动性问题。与此同时，在早前股市出现调整时上市公司大股东被施加的六个月的股份禁售期将在 2016 年 1 月初届满，因而投资者保持观望态度。

（二）2016 年内地市场分析

上证综合指数及深证综合指数继 2014 年及 2015 年录得较大升幅后，于 2016 年分别下跌 12.3% 及 14.7%。内地股市的平均每日成交额减少 50.2% 至人民币 5191 亿元。外界担心内地监管部门为抑制资产泡沫而实施收紧措施，及流动资金在各资产类别之间游走，令大市变得波动。

2016 年 1 月，经济数据不尽如人意，加上人民币偏软，引起投资者的担忧，拖累市场下挫。随着新熔断机制的实施，内地股市在 1 月初有两天曾经暂停交易，但不久后中国证监会便暂停有关机制实施。中国人民银行在 2 月宣布将金融机构人民币存款准备金率下调 0.5 个百分点，此后股市开始回升。市场预期政府会推出更多刺激经济的措施，而且有初步迹象显示经济渐趋稳定，带动大市向上。由于美元在美联储表示可能会延迟加息后转弱，市场对人民币贬值的忧虑情绪有所缓解。

此后，由于内地政府明确表示对经济前景抱有信心，市场攀升。对加快推行供给侧结构性改革的期望及可观的企业盈利，亦推高大市。

但 2016 年 12 月，保险公司的股票交易活动受到监管限制，令股票市场下跌。鉴于相关部门进一步推行收紧措施，投资者对房地产市场的前景持审慎态度。外汇储备继续下跌，市场对资金可能会进一步流出的担忧加深，同样令投资者情绪受到影响。人民币汇率跌至八年来的低位，约为 6.9。有迹象显示，银行业的流动资金因货币市场利率上涨而变得紧张，拖累股市表现。

（三）2017 年内地市场分析

随着经济回稳、人民币走强及企业盈利表现可观，大型股出现反弹，表现较好。其中，上证综合指数上升 6.6%。上证综合指数于 2015 年下半年急挫后回稳，于 2017 年内在 3050 点至 3450 点之间的 400 点的交易区间中徘徊（2016 年及 2015 年的交易区间分别为 700 点及 2240 点）。由于市场预期政府在重组领导班子前将维持市场稳定，故市场波动有所放缓。内地股市的平均每日成交额为人民币 4586 亿元，比 2016 年减少 11.7%。

深证综合指数下跌 3.5%。投资者的偏好似乎由小型股流向估值较低及盈利稳健的大型股。主要追踪小型股的创业板指数于 2017 年下跌 11%，市盈率截至 2017 年底维持在大约 41 倍的水平上，与 2016 年底的水平相若。相反，大型股指数录得升幅，其中沪深 300 指数及 A50 指数在 2017 年分别上升 22% 及 32%，与 2016 年相比其市盈率在 2017 年分别由 15 倍升至 17 倍、由 10 倍升至 13 倍。

2017 年，内地经济录得较大幅度增长。2017 年内地实际国内生产总值增长 6.9%，增长幅度高于全年经济增长目标（6.5%），是连续六年下跌后首年出现反弹。实际国内生产总值增速连续十个季度维持在 6.7% 至 6.9% 之间，且 2017 年出现反弹，表示经济已过渡至更加循序渐进且可持续的增长模式上。2017 年内地的名义国内生产总值增长 11%，显著地高于 2016 年（8%），有助于提振企业盈利信心。市场亦相信内地监管部门在稳定的经济环境下将继续重整经济，并实施审慎的货币政策。消费、服务业及新经济板块的强劲增长带动相关个股上扬。其他措施，包括国有企业改革、"一带一路"倡议推进以及雄安新区和粤港澳大湾区的建设，也都对股市产生了提振作用。

综观 2017 年，由于美元走弱及人民币汇率定价机制增强（引入逆周期调节因子），人民币汇率回稳并反弹 6.7%，录得九年来最大的全年升幅。资金外流受到更严密的监控，加上外汇储备转强（连升 11 个月后已达 3.1 万亿美元的水平），为人民币升值提供了支撑。同时，市场对于 A 股在 2018 年被纳入 MSCI 新兴市场指数感到乐观，境外机构投资者纷纷透过不同途径，包括内地与香港股票市场交易互联互通及合格境外机构投资者机制买入股票，大型股稳步上扬。

然而，内地股市的升幅并不明显。市场对于政府采取收紧措施及去杠杆措施感到忧虑，而且债务攀升及估值问题（尤其是小型股估值问题）令人担忧，对股市升势造成阻力。房地产市场可能面临收紧措施，金融业可能面对去杠杆措施，令市场气氛受到影响。针对企业高债务的去杠杆措施可能增加金融风险，影响经济稳定性。小型股可能受高强度的监管措施及高借贷成本的影响，表现疲弱。其中，穆迪于 5 月将中国的信贷评级由 Aa3 级下调至 A1 级；标准普尔于 9 月将中国的主权评级由 AA－级降至 A＋级。两家信贷评级机构均担心债务大幅上升将给内地金融稳定带来影响。市场亦担心上市申请审批的速度加快，导致股份供应增加，尤其是小型股，使得市场气氛受到影响。首次公开招股的企业数目于 2017 年上升至 437 家，令人担心市场流动资金会缩减。

（四）2018 年内地市场分析

上证综合指数及深证综合指数分别下跌 24.6% 及 33.2%，表现逊于其他主要市场指数。尤其是，上证综合指数及深证综合指数在 2018 年 10 月均跌至四年以来的低位。年内，深证中小板指数大幅下滑 37.7%，而创业板指数则下跌 28.6%。内地股市的平均每日成交额为人民币 3694 亿元，比 2017 年减少 19.5%。综合而言，投资者对于内地股票市场的态度并不乐观，主要有以下几个原因。

一是中美贸易紧张局势升级。美国就中国内地出口货品征收关税，作为反击，中国内地随后对美国部分进口产品加征关税，导致两国之间的紧张局势升温。《美国、墨西哥、加拿大协议》（US-Mexico-Canada Agreement，简称"USMCA"）要求签署国不得与非市场经济国家订立贸易协议，令投资者担心中国内地日后进行贸易谈判时的议价能力可能会受到影响。鉴于中美贸易紧张局势升级，国际货币基金组织将其对中国内地 2019 年的经济增速预测由 6.4% 下调至 6.2%。

二是市场对整体经济放缓的忧虑。内地的国内生产总值增速在 2018 年第三季度下跌至 6.5%，是自 2009 年以来的最低增速。工业生产、零售及制造业数据不振，反映国内投资及消费需求下降。此外，人民币汇率一度跌至十年来的低位。以上种种表现都令企业盈利以及投资者情绪面临压力。

三是市场对部分企业违约的忧虑。内地监管部门启动去杠杆措施，以遏制部分行业（尤其是房地产行业）及企业的财务风险。然而，由于市场流动资金收紧，企业债务违约个案不断出现。

四是来自企业股权质押的风险。有分析师估计，被质押以便为贷款作担保的股权价值相当于 A 股总市值的约 10%。市场担心股价下跌可能会导致抵押股份被迫出售，进而导致股市波幅加剧。深证中小板指数表现欠佳，原因是小型股杠杆比率相对较高，且较为依赖股权质押来进行融资。

整体来说，2018 年内地股市表现出波动性。基准指数经大幅调整后，受多项正面因素影响跌幅略为收窄。首先，市场对 A 股被纳入多个国际指数表现出乐观情绪。随着 A 股被纳入多个国际指数且所占的比重提升，投资者预期外国及机构投资者的资金流入会增加，提振了市场气氛。其次，政府主动推出多项支持措施。为重振市场信心，多只政府引导基金纷纷成立，多项财务支持措施相继推出，以遏制来自企业股权质押的风险，并支持私营企业发展。

（五）2019 年内地市场分析

2019 年上证综合指数上升 22.3%，而深证综合指数上升 35.9%，分别是 2014 年及 2015 年之后最大的全年升幅。内地市场经历 2018 年的大幅下跌后，在交易量大涨的条件下出现强劲反弹。市场平均每日成交额增加 41% 至人民币 5205 亿元。上证综合指数一度升至 3270 点，为自 2018 年 3 月以来的最高位。

2019 年内地股市所面临的有利因素较多，包括：（1）与美国达成贸易协议。贸易谈判进展是影响投资者信心及市场表现的主要因素。两国同意就关税问题做必要的让步，并于适当时间公布第一阶段贸易协议。然而，何时会签订全面的贸易协议仍存在不确定性。（2）政府推出应对经济放缓问题的支持措施。继 2019 年1 月及 9 月两次降低存款准备金率后，中国人民银行于 2019 年 11月下调逆回购利率及贷款市场报价利率以鼓励放贷，尤其是鼓励贷款给小型及微型企业。政府亦推出政策以刺激国内消费及促进海外投资和贸易。（3）资金的持续流入。随着 A 股被纳入多个国际指数，市场对更多海外资金流入感到乐观，带动升势。投资者对来自国内机构投资者（如保险公司、社会保障基金及退休基金）的长线资金的支持亦保持乐观。（4）监管部门加速金融市场的改革开放。小型股和高科技股受惠于便利中小企业进行直接融资的政策而录得升幅。上海证券交易所的科创板于 2019 年 7 月推出，交易非常活跃。此外，投资者对于在深圳证券交易所创业板进行首次公开发行股票注册制改革的憧憬亦为大市提供了支持。

但投资者也对各种不利因素保持审慎的态度。首先，对经济放缓的担忧。例如，部分市场分析师认为，政府会寻求较慢但更为平衡和可持续的增长步伐。2019 年内地国内生产总值增速由第一季度的 6.4% 放缓至第二季度的 6.2%，及第三季度和第四季度的 6.0% 左右，是近三十年以来最慢的增长步伐。工业利润因物价下跌，一度录得自 2011 年以来的最大跌幅。CPI 创下近八年来的最高水平，限制了政府刺激经济的能力。其他经济指标，包括零售、固定资产投资及工业生产等，都显示出放缓的迹象。企业盈利则表现不一。其次，对人民币贬值的忧虑。人民币因中国与美国的贸易紧张局势所带来的不明朗因素而走弱，令投资者情绪受挫。人民币汇率于 2019 年 9 月跌至 11 年来的低位 7.1789，在 2019 年底维持在大约 7 的水平上。

（六）2020 年内地市场分析

上证综合指数及深证综合指数分别上涨 13.9% 及 35.2%，其中上证综合指数升至 34 个月以来的高位，深证综合指数则创下 2015 年 12 月以来的新高。内地市场平均每日成交额为人民币 8482 亿元，较 2019 年的平均值人民币 5205 亿元高出 63%。

2020 年第三季度，内地国内生产总值录得 4.9% 的增长。人民币走强，汇率创 2018 年 6 月以来的新高，进一步带动了市场升势。此外，随着内地与亚太地区 14 个国家签署有史以来规模最大的区域贸易协议《区域全面经济伙伴关系协定》，投资者情绪得到了提振。

投资者对内地金融市场进一步改革和开放的预期亦带动股市上升。随着深圳证券交易所创业板推出首次公开发行股票注册制，深圳股市表现优于大市。创业板指数创下 2015 年 7 月以来的新高。一系列的支持措施亦带动了深证综合指数向上，其中包括深圳的全面改革计划，以及在粤港澳大湾区推出的跨境理财通业务试点。尽管如此，鉴于美国政府宣布对内地货物加征关税以及对一些内地公司施加制裁，投资者仍对中美关系保持谨慎态度。

（七）2021 年内地市场分析

上证综合指数及深证综合指数分别上涨 4.8% 及 8.6%，二者均达到五年来的最高水平。内地市场平均每日成交额为人民币10583 亿元，较 2020 年的平均值人民币 8482 亿元高出 25%。

市场对刺激本地消费的经济政策感到乐观，提振了市场情绪。中国人民银行两度降低金融机构人民币存款准备金率，合计下调了 100 个基点，并承诺会维持稳定的货币政策。深圳股市表现优于大市，部分原因是市场期望政府能对小型企业提供政策支持。

企业盈利在 2021 年保持稳健。零售和贸易数据表现强劲，提振了投资者情绪。2021 年第一季度的国内生产总值增速升至18.3%，创下历史新高，此后放缓至第二季度的 7.9% 及第三季度的 4.9%。

然而，科技、教育和相关行业受到更严格的监管，加上投资者对地产商的流动性状况持谨慎态度，令市场升幅有限。限电及节能措施引起市场对生产线受到负面影响的担忧。供应链出现瓶颈，令通胀忧虑加剧。

第十四章　香港市场数据分析

自 2014 年内地与香港资本市场互联互通机制推出以来，香港股票市场逐步出现结构性的变化。其中有两个重要趋势，一是内地新经济公司在香港市场成交量中占较大份额。例如 2020 年，排名前五的内地新经济公司的股票、衍生权证及牛熊证的平均每日成交额占市场总成交额的近 1/5，而香港也已经成为内地新经济公司的首选上市地。二是科技股对香港股市的重要性与日俱增。拥有不同投票权架构的科技公司的上市以及第二上市，大幅提振了市场信心，活跃了相关交易活动。科技股通常是知名品牌或大型企业的股票，因此它同时受到境内和境外投资者的欢迎。总体而言，在互联互通机制的支持下，香港已经成为内地优秀企业对接国际金融市场的首选，这也为香港市场带来了更大的流动性。

（一）2015 年香港市场分析

2015 年，恒生指数、恒生中国企业指数分别下跌 7.2%、19.4%，而 2014 年则分别上升 1.3%、10.8%。香港股市的表现较主要海外市场逊色。2015 年初，港股跟随内地股市上扬。市场对透过沪港通有更多资金流入持乐观态度，同时也认为内地会推出更多支持措施，带动股市上扬。4 月，恒生指数攀升至逾 28000 点的高位。单日市场成交额在 4 月 9 日亦创新高，达 2915 亿港元。2015

年中，港股因内地市场出现大规模抛售而出现波动。恒生指数在 7 月 8 日录得有史以来最大日内跌幅，一度大跌 2138 点，收市报跌 1458 点。

由于市场担心内地经济可能出现硬着陆及人民币贬值，港股跌幅扩大及更趋波动。美国加息时机存在不确定性，拖累港股表现。能源股及资源股因商品价格下跌而受压。此后，港股因市场认为内地会进一步推出刺激措施而反弹。随着美联储决定未来加息以循序渐进的方式进行，港股跌幅略为收窄。2015 年底，内地经济前景及人民币汇率波动性持续不明朗，拖累港股表现，而市场担心内地恢复首次公开招股活动会影响流动性，股市大市再次下跌。

回顾 2015 年，港股继续因内地和海外市场波动而波动，市场面临多重压力：第一，内地经济增长情况及人民币走势令人关注。尽管货币管理部门已采取货币宽松政策，但市场对内地经济增长放缓的忧虑挥之不去。投资者情绪变得脆弱，对经济前景及政府政策变动的消息表现敏感。香港与内地市场的联系紧密，内地市场的变化会影响港股表现。投资者担心人民币贬值可能使得新兴市场的货币争相贬值，加速资金外流。香港市场是亚洲新兴市场的一部分，亦将受到影响。第二，美国加息时机不明朗。尽管美联储已表明，计划以循序渐进的方式加息，但实际的加息速度仍是未知数。市场担忧加息可能会继续拖累全球经济增长。海外市场加剧波动，可能引发外溢效应，或会对香港市场造成影响。第三，美元和商品价格的走势令人担忧。美元强势，加上全球商品需求疲弱，或会导致原油和其他商品价格的波动加剧，影响新兴市场（其中部分市场极为依赖商品出口）。第四，欧洲和日本的经济复苏乏力。欧洲方面，经济复苏基础仍然薄弱，通缩忧虑挥之不去。日本虽然仍在推行刺激经济的措施，但依然存在进一步衰退的风险。这些因素均对全球经济及市场前景带来了影响。

2015 年，香港本地股票市场交易量增加。平均每日成交额达 1056 亿港元，较 2014 年 695 亿港元的水平上升 52%。其中，内地股仍然是交易最活跃的股份类别。2015 年，内地股平均每日成交额占市场平均每日总成交额的 36%（2014 年占 37%），而恒生指数成份股（H 股及红筹股除外）则占约 13%（2014 年占 17%）。

（二）2016 年香港市场分析

2016 年，恒生指数上升 0.4% 而恒生中国企业指数下跌 2.8%。虽然美股表现强劲，但由于内地市场出现调整，港股升幅有限。2016 年初，由于投资者对内地经济放缓及人民币波动的忧虑加剧，香港市场在 H 股拖累下表现逊色。尽管中国人民银行在 2 月将金融机构人民币存款准备金率下调 0.5 个百分点，港股仍然因投资者对内地的信贷风险和坏账攀升存在担忧而下跌。港元持续疲弱，一度跌至八年以来的低位，令市场受压。此外，投资者对英国脱欧的担忧亦增强了市场波动性。

鉴于美联储主席发表的言论温和，市场预期美国会推迟加息，香港本地股票市场因而跟随海外股票市场的升势，自 7 月起出现反弹。市场预期各地货币主管部门会推出进一步刺激经济的措施，加上企业盈利较预期好，大市气氛得以改善。市场对推行深港通持乐观态度，加上内地保险公司获准透过内地与香港股票市场交易互联互通机制投资港股，令港股表现得到支撑。9 月，恒生指数及恒生中国企业指数双双升至 2016 年的高位。

此后，因德国一家主要银行的财政状况令人担忧，以及人民币贬值的阴霾挥之不去，港股升幅收窄。美国可能很快加息的不明朗因素重现，亦令市场受压。市场在美国总统大选结束后一度下挫，但此后候任总统所承诺的支持政策带动乐观情绪上涨，令港股跌幅收窄。

12 月初，由于市场对美联储会加快美国加息步伐的暗示感到忧虑，地产股拖累大市下跌。中国人民银行的紧缩措施及内地债券市场出现的抛售，引起投资者的关注，内地金融股下滑。

2016 年，港股继续因内地和海外市场波动而波动，面临较多不确定因素。一是美国可能采取较激进的加息策略及美元可能继续走强。尽管美联储如预期一样在 2016 年 12 月加息，但有关部门已暗示会在 2017 年加快加息步伐。市场反应仍有待观察，其主要由美国落实收紧措施的确切时间表、速度和幅度，以及经济情况而定。美元可能继续走强，使得商品及其他资产的价格受压。新兴市场（其中部分市场极为依赖商品出口）可能继续出现资金外流及货币贬值的情况。以上种种因素均可能导致包括香港在内的全球市场的波动加剧。

二是美国新一届政府所采取的政策不明朗。尽管投资者对可能会令通胀重临的美国候任总统的政策措施感到乐观，但由于各项经济和贸易措施的方向、实施及有效性均存在不确定性，全球及本地经济前景或会受压。鉴于美国股市在历史高位徘徊，市场加倍关注估值水平，投资者情绪变得脆弱。

三是内地经济增长及人民币贬值情况令人关注。尽管 2016 年的经济数据显示增长势头正逐步改善，但投资者对内地经济前景仍然抱审慎态度。投资者对人民币转弱、外汇储备下跌及资金流向的担忧，均令市场受压。货币主管部门为了使经济去杠杆化及应对资产泡沫而采取的政策措施，亦可能影响股市表现，令市场更为波动。香港市场与内地联系紧密，这些可能会令港股受到影响。

四是对欧洲政治的稳定性及欧洲银行的财务稳健性感到忧虑。

英国将于2017年3月底启动正式脱欧谈判程序，市场预期这可能会对经济增长及企业盈利带来负面影响。德国和法国等主要欧洲国家即将进行大选，可能增添欧元区市场的政治不明朗因素。市场对于欧洲各银行（尤其是意大利银行）财政稳健状况的担忧加深，可能会引发外溢效应，影响全球及本地市场。

2016年总体而言，香港本地股票市场交易量减少。平均每日成交额为669亿港元，较2015年的1056亿港元下跌36.6%。其中，内地股（包括H股及红筹股）仍然是交易最活跃的类别。2016年，内地股平均每日成交额占市场平均每日总成交额的34%（2015年占36%），而恒生指数成份股（H股及红筹股除外）则占约18%（2015年约占13%）（见表1）。

表1 2015～2016年港股平均每日成交额

单位：10亿港元，%

项目	2016年		2015年		2016年成交额相对于2015年的变化幅度
	成交额	市场份额	成交额	市场份额	
恒生指数成份股（H股及红筹股除外）	12.3	18	13.9	13	-11.5
内地股	22.7	34	37.7	36	-39.8
H股	16.3	24	27.9	27	-41.6
红筹股	6.4	10	9.8	9	-34.7
衍生权证	11.1	17	18.2	17	-39.0
牛熊证	5.6	8	7.4	7	-24.3
交易所买卖基金	4.1	6	8.8	8	-53.4
其他	11.1	17	19.6	19	-43.4
市场总计	66.9	100	105.6	100	-36.6

注：表中数据因四舍五入原因略有误差，未做机械调整。余表同。

数据来源：香港交易及结算所有限公司。

（三）2017 年香港市场分析

港股于 2017 年超越主要海外市场。继 2016 年录得温和升幅后，恒生指数于 2017 年跟随全球市场走势，飙升 36.0%，并自 2007 年以来首度触及 30000 点大关。以点数计算，恒生指数在 2017 年上升 7919 点，属历来最大按年升幅。恒生中国企业指数上升 24.6% 至 2015 年以来的高位。交易畅旺，平均每日成交额为 882 亿港元，较 2016 年高出 31.8%。

恒生指数的强劲升势主要得益于四个方面。（1）主要海外市场上升趋势明显。由于市场看好企业盈利，加上经济基本面改善，全球市场纷纷向好。尤其是，美股创下历史新高，且美国经济复苏步伐开始加快。除美国外，德国、英国、韩国及印度等主要市场都在 2017 年录得历史新高。美元持续走弱，于 2017 年贬值 10%，促进资金持续流入香港及其他新兴市场。（2）市场预期美国会逐步加息及税制改革取得新进展。投资者对美国持续推行宽松货币政策保持乐观，认为美联储为配合经济走势，有可能逐步加息。税制改革方案将令大部分企业受惠，而有关方案取得新进展，亦为大市带来了支持。（3）资金在内地与香港股票市场交易互联互通机制下经港股通流入。2017 年港股通的净买入额达 3399 亿港元，较 2016 年的 2460 亿港元上升 38%。透过港股通进行投资的内地投资者纷纷追捧大型股，为大市带来支持。（4）内地有利因素：内地经济呈回稳迹象。市场对 A 股于 2018 年被纳入 MSCI 新兴市场指数持乐观态度，亦提振市场气氛。在盈利表现可观及预期国企改革步伐加快的刺激下，H 股上涨。此外，人民币回稳，带动内地公司以港元计算的盈利增长。

然而，港股的升势并不全面，主要集中在若干大型科技股及金融股上。恒生指数于 2017 年上升了 7919 点，其中腾讯、汇丰、友邦保险、中国平安保险及香港交易及结算所有限公司（简称"香港交易所"）共占 4959 点（63%）。整体而言，牛市气氛浓厚，散户投资者持续增加，而且一些首次公开发售的股份获大幅超额认购。

由于港股在短时间内大幅上涨，投资者对估值有所顾虑，而本地与海外市场出现的不明朗因素，也给市场前景蒙上阴影。投资者担心资金收紧，令香港本地市场升幅收窄。香港 1 个月银行同业拆息于 2017 年下半年升至 0.001 港元，创下自 2008 年以来的新高。受到内地实施去杠杆政策和收紧金融监管及银根的影响，上证综合指数于 2017 年的表现（升幅为 6.6%）逊于主要海外市场，因而拖累 H 股的表现。市场亦担忧美国股市的升势，而美国股市升势能否持续取决于美国落实紧缩政策的确切时间表、速度和幅度，以及美国经济情况。此外，朝鲜和中东地区的地缘政治局势紧张，英国脱欧谈判程序启动，均对投资气氛有所影响。

总体而言，香港股市在 2017 年面临多重压力。首先，虽然港股保持坚稳并且各主要板块运作正常；然而，由于市场在短时间内累积了庞大升幅，市场调整的可能性增加。投资者应保持警惕，市场气氛可能受多项因素影响而突然逆转。从美国方面看，美联储自 2015 年起至 2017 年先后五次加息，且 2018 年可能会再加息三次。在此之前的十年中，市场从未遇到过这种加息速度和幅度。此外，美联储已着手缩减其资产负债表规模，这可能会对全球市场造成重大影响。美国出其不意的货币政策可能会使得金融市场突然收紧，而香港作为国际金融中心，其金融体系亦将因此受压。

其次，新兴市场在 2017 年表现理想，部分原因是美元走弱。2018 年美联储加息可能会导致美元转强，资金很可能会离开新兴市场。另外，美元转强亦会影响商品价格，继而可能会对新兴市场及其货币造成进一步冲击。地区股票市场及汇率变得更为波动，港股很可能会因此受到牵连。

另外，香港的基准利率 2017 年一直未有调整，仍维持在极低水平。然而，在联系汇率制度下，香港的利率最终会跟随美国利率上升而上调。特别是，香港利率变化如果赶上美国的步伐，对证券市场所产生的累积影响可能相当大。资金流入态势一旦逆转，港元及香港股票市场的表现便会受到拖累。

更重要的是，从内地方面看，市场担心有关部门会对地产市场采取更严厉的收紧措施，及对金融业进一步去杠杆。在债务急增影响金融稳定的隐忧下，中国的主权评级可能被下调。国际货币基金组织提出，中国可能只有加快改革步伐，才能遏制与企业债务日增相关的风险。若去杠杆步伐较预期快，可能会影响经济稳定并使得金融市场风险增加。美联储加息及减缩资产负债表规模，或会引致美元反弹而人民币受压，并影响内地公司的企业盈利（以美元计值）。美国贸易保护主义抬头所引起的贸易冲突，可能令内地及香港的市场更为波动。

2017 年，香港本地股票市场交易量上升，平均每日成交额为 882 亿港元，较 2016 年的 669 亿港元高 31.8%。其中，内地股（包括 H 股及红筹股）仍然是交易最活跃的类别。2017 年，内地股平均每日成交额占市场平均每日总成交额的 35%（2016 年占34%），而恒生指数成份股（H 股及红筹股除外）则占约 20%（2016 年约占 18%）（见表 2）。

表 2　2016～2017 年港股平均每日成交额

单位：10 亿港元，%

项目	2017 年		2016 年		2017 年相对于 2016 年变化幅度
	成交额	市场份额	成交额	市场份额	
恒生指数成份股（H 股及红筹股除外）	17.5	20	12.3	18	42.3

续表

项目	2017 年		2016 年		2017 年相对于 2016 年变化幅度
	成交额	市场份额	成交额	市场份额	
内地股	30.5	35	22.7	34	34.4
H 股	22.7	26	16.3	24	39.3
红筹股	7.8	9	6.4	10	21.9
衍生权证	12.2	14	11.1	17	9.9
牛熊证	4.8	5	5.6	8	−14.3
交易所买卖基金	4.3	5	4.1	6	4.9
其他	18.9	21	11.1	17	70.3
市场总计	88.2	100	66.9	100	31.8

数据来源：香港交易及结算所有限公司。

（四）2018 年香港市场分析

香港股票市场 2018 年呈现波动态势。恒生指数在 2018 年 1 月创历史新高后出现调整，并在 2018 年 10 月跌至 17 个月以来的低位。年内，恒生指数及恒生中国企业指数分别下滑 13.6%、13.5%。

2018 年初，受惠于经济指标数据向好、有关部门对地产业实施降温措施及投资者对流动资金紧缺的担忧有所缓解等内地发展情况，港股牛市气氛浓厚。恒生指数一度上升超过 33000 点，创历史新高。恒生中国企业指数升至两年半以来的高位。股票、衍生权证及牛熊证的交易均非常活跃。然而，市场在 2018 年 2 月出现大幅调整。投资者担心，在通胀预期下，美国的加息速度会快于预期。对内地经济放缓及实施更多去杠杆措施的担忧，以及朝鲜半岛的地缘政治局势紧张，均令投资者情绪受压。

此后，大市反复向下。市场气氛疲弱的原因是多方面的。第一，美国与内地的贸易紧张局势升级。美国与内地相互对对方的出口商品征收关税，导致贸易紧张局势升级。尽管两国元首在 2018 年的二十国集团领导人峰会上进行了贸易会谈，会谈后中美贸易形势有所缓和，但投资者对于较长期的谈判及全球经济增长所受到的影响仍持审慎态度。第二，内地经济放缓及人民币走软。由于中美发生贸易摩擦及内地实施去杠杆措施，投资者对内地经济放缓的忧虑加深。内地零售、工业生产及贸易数据不尽如人意，人民币因而受压。人民币兑美元汇率在 2018 年下跌了 5.4%，令以港元计算的内地公司盈利受到影响。第三，美联储加息及缩减资产负债表规模。美联储自 2015 年以来已加息九次，并暗示会在 2019 年进一步加息。投资者担心，加息加上美联储缩减资产负债表规模，可能会增加市场调整的风险及影响美国经济。在联系汇率制度下，香港利率终会跟随美国利率上涨而上涨，股市波幅可能因此增加。2018 年 9 月，随着美国加息，香港本地主要银行宣布将最优惠利率上调 0.125%，是 12 年来首次加息。第四，新兴市场表现疲弱。自 2018 年 8 月以来，土耳其里拉及阿根廷比索同告贬值，令人担心其他新兴市场会出现连锁反应。投资者对新兴市场的投资意愿减弱，港股因而受累。美元走强，投资者担心资金流出，尤其担心资金从录得巨额经常账户赤字、财政赤字以及有庞大外债的市场流出。市盈率在 2018 年底跌至 9.8 倍，而在 2017 年底为 13.9 倍。投资者态度审慎，股票交易量下跌。随着市场波幅扩大，衍生产品交易及卖空活动不断增加。沪港通及深港通下的港股通自 2018 年 4 月起录得资金流出。

2018 年港股所面对的风险及不明朗因素包括以下几个方面。（1）中美贸易局势紧张及美国政治层面仍存在不明朗因素。中美贸易摩擦很可能是香港及海外市场面对的主要风险因素。虽然中美贸易谈判在 2018 年底的二十国集团领导人峰会上重启，但一些关键事项仍然悬而未决。美国政府部门局部停摆或会为美国股市增添不明朗因素，美国股市的波动亦会加剧，内地及香港市场可能会受到影响。（2）美国加息及市场调整。虽然美联储暗示美国利率已接近中性水平，但日后的加息时间仍属未知数。若继续加息及缩减资产负债表规模，流动资金收紧，那么近年来大幅增长的美国股市出现调整的风险便会增加。由于美股的估值偏高，若美国股市进一步调整，香港股市亦可能会受到影响。此外，美元走强将会加剧商品及其他资产的价格下行压力。所有这些因素均可能导致包括香港市场在内的全球市场更为波动。（3）投资者对内地经济增长及人民币贬值的担忧。多项经济数据表现不尽如人意，加上中美贸易紧张局势持续，令投资者担心内地经济放缓。内地监管部门承诺既要支撑经济增长，也要维持去杠杆进程及遏制财务风险，因此，内地监管部门推行有关措施时可能会审慎行事。此外，内地经济增长放缓将会令人民币受压，香港的股票及货币市场出现溢出效应。（4）欧洲及新兴市场的风险。2018年，欧洲方面，英国脱欧谈判的结果非常难以确定，若所达成的协议并不令人满意，可能会对经济及市场造成严重影响。新兴市场方面，政治不明朗因素、美元走强及投资者对内地经济放缓的忧虑使得股票及货币市场持续受压。美国与俄罗斯、土耳其、沙特阿拉伯及叙利亚之间的紧张局势持续，也令市场更为波动。

2018年，香港本地股票市场交易量上升。全年平均每日成交额为1074亿港元，较2017年的882亿港元高21.8%。由于市场大幅调整，平均每日成交额由2018年上半年的1266亿港元跌至下半年的888亿港元。其中，内地股（包括H股及红筹股）仍然是交易最活跃的类别。2018年，内地股平均每日成交额占市场平均每日总成交额的33%（2017年占35%），而恒生指数成份股（H股及红筹股除外）则约占23%（2017年约占20%）（见表3）。

表3　2017～2018年港股平均每日成交额

单位：10亿港元，%

项目	2018年		2017年		2018年相对于2017年变化幅度
	成交额	市场份额	成交额	市场份额	
恒生指数成份股（H股及红筹股除外）	25.1	23	17.5	20	43.4
内地股	35.8	33	30.5	35	17.4
H股	27.0	25	22.7	26	18.9
红筹股	8.8	8	7.8	9	12.8
衍生权证	15.7	15	12.2	14	28.7
牛熊证	7.5	7	4.8	5	56.3
交易所买卖基金	4.0	4	4.3	5	-7.0
其他	19.3	18	18.9	21	2.1
市场总计	107.4	100	88.2	100	21.8

数据来源：香港交易及结算所有限公司。

值得一提的是，2018年，香港是全世界主要资本市场中排名第一的首次公开招股中心，有218宗首次公开招股（集资额为2865亿港元），较2017年的160宗首次公开招股（集资额为1282亿港元）有明显上升。回顾整个2018年，内地公司（包括H股、红筹股企业及内地民营企业）所进行的首次公开招股的集资额约占市场总集资额的95%。2018年全球五大股市集资额见表4。

表4　2018年全球五大股市集资额（以首次公开招股的集资额计算）

单位：10亿美元

股市名称	集资额
香港交易所	36.6
纽约证券交易所	28.6

续表

股市名称	集资额
日本交易所集团	25.6
纳斯达克证券交易所	24.5
德意志交易所	13.9

数据来源：香港交易及结算所有限公司。

（五）2019 年香港市场分析

由于 2019 年的政治经济局势较为动荡，香港股市面临的风险和不明朗因素增加。第一，中美贸易关系持续紧张。贸易不明朗因素仍然是香港和海外市场面临的主要风险因素。虽然中美已达成第一阶段的贸易协议，但何时达成全面的贸易协议及协议的详情依然未能确定。市场参与者担心，第二阶段谈判将会涵盖更敏感和策略性的范畴，故会更为复杂，达成协议会更困难。投资者对于日后有关贸易谈判的进度、企业盈利以至股市表现的消息都十分敏感。

第二，市场对全球经济增长可能放缓的忧虑。市场担心全球经济增速可能放缓。国际货币基金组织将 2020 年全球经济增速预测数据由 3.4% 下调至 3.3%。经济数据好坏参半，显示经济存在潜在弱势。此外，市场对内地经济前景的担忧可能会增添市场对全球经济放缓的忧虑。

第三，投资者担心全球主要股票市场可能出现明显调整。其中，最值得关注的是美国股市在 2019 年创下新高且估值偏高。美国货币刺激措施已变得较为不确定，而这些措施是支撑美国股市高估值的主要因素。市场担心企业盈利可能无法支撑股市的进一步上涨。如果美国股市调整，香港股市可能会受到不利影响。

第四，香港本地社会状况存在不明朗因素。在香港特区行政长官进行选举前，社会状况可能变得更为复杂，而这将会影响市场情绪及投资者信心。

第五，欧洲、中东等地区的地缘政治风险。虽然在保守党取得英国国会的大多数议席后，市场对英国脱欧的最终决议似乎感到乐观，但下一阶段的谈判，尤其是英国与欧盟之间的贸易谈判，可能既复杂又耗时，故可能充满挑战。此外，朝鲜与中东地区局势持续紧张，可能加剧市场波动。

综合上述影响，2019 年香港本地股票市场交易量明显下跌，平均每日成交额为 872 亿港元，较 2018 年的平均 1074 亿港元少18.8%。2019 年前 4 个月，投资者看涨气氛浓厚，平均每日成交额为 1018 亿港元，但随后有所减少。2019 年 5 月至 12 月的平均每月成交额下跌 21% 至 802 亿港元。其中，内地股（包括 H 股、红筹股及内地民营企业股）仍是交易最活跃的股票。2019 年，内地股平均每日成交额占市场平均每日总成交额的 57%（2018 年为58%），而恒生指数成份股（内地股除外）所占份额则大约为 11%（2018 年约为 10%）（见表 5）。

表 5　2018～2019 年港股平均每日成交额

单位：10 亿港元，%

项目	2019 年		2018 年		2018 年相对于 2017 年变化幅度
	成交额	市场份额	成交额	市场份额	
恒生指数成份股（内地股除外）	9.7	11	10.3	10	−5.8
内地股	50.1	57	62.9	58	−20.3
H 股	20.3	23	27	25	−24.8
红筹股	7.1	8	8.8	8	−19.3
内地民营企业股	22.7	26	27.1	25	−16.2

续表

项目	2019 年		2018 年		2018 年相对于 2017 年变化幅度
	成交额	市场份额	成交额	市场份额	
衍生权证	9.8	11	15.7	15	−37.6
牛熊证	8.1	9	7.5	7	8.0
交易所买卖基金与杠杆及反向产品	4.9	6	4.4	4	11.4
其他	4.6	5	6.6	6	−30.3
市场总计	87.2	100	107.4	100	−18.8

数据来源：香港交易及结算所有限公司。

需要指出的是，香港在 2019 年仍然是全世界主要资本市场中排名第一的首次公开招股中心，有 183 宗首次公开招股（集资额为 3129 亿港元），较 2018 年的 218 宗首次公开招股（集资额为 2865 亿港元）有所增加。2019 年，内地上市公司所进行的首次公开招股的集资额占市场总集资额的 82%。2019 年全球五大股市集资额见表 6。

表 6　2019 年全球五大股市集资额（以首次公开招股的集资额计算）

单位：10 亿美元

股市名称	集资额
香港交易所	40.1
上海证券交易所	26.9
纳斯达克证券交易所	26.8
沙特证券交易所	26.7
纽约证券交易所	23.3

数据来源：香港交易及结算所有限公司。

（六）2020 年香港市场分析

由于政治经济局势不明朗，香港股市在 2020 年继续下跌，恒生指数及恒生中国企业指数跌幅分别为 3.4%、3.8%。

中美紧张局势升温。美国将一些内地科技公司列入贸易黑名单，并宣布禁止美国投资者投资部分内地公司，而这些公司有一部分是在香港上市的公司。

投资者情绪因为经济前景不明朗而受到影响。疫情的出现令商业活动放缓、供应链中断及消费开支减少，进而对企业盈利造成了不利影响。多个指数成份股的盈利状况不乐观。

投资者对美国及内地的支持政策感到乐观，令股市跌幅收窄。美联储暗示其打算维持低利率，并再度承诺将动用所有工具支持经济增长。内地采取了信贷扩张及提振基础设施支出的措施，以推动经济增长。

疫情变化及有效的疫苗开发和分配，以及支持经济增长的财政和货币政策措施，继续影响投资者情绪。持续的中美紧张局势也会影响全球和香港市场。在海外市场主要指数创下新高或升至多年高位后，投资者对市场估值偏高的担忧可能令大市的波动性增强。

整体上，2020 年香港本地股票市场交易仍然活跃。年内，平均每日成交额升至 1295 亿港元，较 2019 年的 872 亿港元增长 49%。由于香港的新上市公司交易活跃以及受南向交易的强劲表现影响，成交额攀升。内地股（包括 H 股、红筹股及内地民营企业股）仍是交易最活跃的股票。2020 年，内地股平均每日成交额占市场平均每日总成交额的 68%（2019 年为 57%），而恒生指数成份股（内地股除外）所占份额则约为 9%（2019 年约为 11%）。

值得一提的是，内地新经济公司的重要性日益凸显。近年来，大型内地新经济公司在香港上市的数量增加。在香港上市的五大内地新经济股，如果以市值计算，均名列香港上市股票的前 20，并且为恒生综合大型股指数的成份股。内地新经济公司的上市支撑了香港作为全球领先上市枢纽的地位。它们的首次公开招股集资额占香港首次公开招股集资额的较大比例。内地新经济公司在香港市场成交量中也占重大份额。2020年下半年，五大内地新经济公司的股票、衍生权证及牛熊证平均每日成交额占平均每日市场总成交额的近1/5。

内地新经济公司股票的成交额在以下两个因素的推动下仍可能会继续上升。一是这些股票被纳入主要指数。继恒生指数有限公司2020年9月开始将同股不同权及第二上市公司纳入恒生指数和恒生中国企业指数后，五大内地新经济股中，有三只股票已被纳入恒生指数，而所有五只股票均被纳入恒生中国企业指数。此外，它们有部分亦是主要全球指数的成份股。这些有助于吸引被动型基金投资内地新经济公司。

二是受惠于内地与香港股票市场交易互联互通机制下的活跃交易。符合资格进行南向交易的内地新经济股，均属于交易最活跃的南向交易股票，内地投资者对买卖这些股票有浓厚兴趣。第二上市公司使得香港的流动性有所增加。一些内地新经济公司以美国预托证券方式在美国开展交易，而同时在香港二次上市，这些公司如果将更多美国预托证券转换为港股，将会为香港市场带来流动性。

综上，香港具备成为内地新经济公司首选上市地的优势。上述内地新经济公司在香港成功上市，为其他类似公司来港上市造就了有利条件。公司在香港上市除了可让国际机构投资者参与投资外，亦允许内地投资者通过内地与香港股票市场交易互联互通机制下的南向交易进行投资。这是香港在吸引内地新经济公司来港上市方面具有的独特优势。

（七）2021 年香港市场分析

恒生指数、恒生中国企业指数及恒生科技指数分别下跌了14.1%、23.3% 及 32.7%。大市波动，恒生指数在 2021 年 12 月跌至 21 个月以来的低位。市场调整主要是由于大型内地科技股所属行业因内地监管政策收紧而表现逊色。由于这些大型内地科技股在恒生指数中占比大，其股价下跌影响了香港股市。美国实施更严格的披露规定及在美国的内地公司可能有被除牌的风险，令在美国上市的内地公司股票下跌，亦影响了投资者情绪。

内地地产股方面存在的不明朗因素亦影响了市场情绪。资本市场对面临流动性问题的内地房产商信贷状况感到忧虑。此后，这种负面情绪对其他行业产生溢出效应，但压力有限。此外，投资者对各国货币主管部门可能缩减各项经济刺激措施的举动十分敏感。美联储已开始实施货币紧缩措施。投资者对早于预期收紧货币政策的举动感到担忧。

新型冠状病毒出现变异，令疫情大流行的预期风险拉升。世界多地推出疫情防范措施，加上供应链中断，经济活动和贸易往来不畅，引起市场对全球经济走势的担忧。

由于海外市场录得强劲升幅，估值较高的问题愈来愈受关注，引发了一些获利套现活动，影响了香港本地市场。2021 年，香港本地股票市场交易活跃。成交额在 2021 年 7 月 27 日达到 3612 亿港元的历史新高。平均每日成交额攀升至 1667 亿港元，较 2020 年的 1295 亿港元高出 29%，部分原因是受内地与香港股票市场交易互联互通机制下强劲的南向交易推动的影响。

内地股（包括 H 股、红筹股及内地民营企业股）仍然是交易最活跃的股票。2021 年，内地股平均每日成交额占市场平均每日总成交额的 73%（2020 年为 68%），而恒生指数成份股（内地股除外）所占份额则大约为6%（2020年约为9%）。

从风险来看，鉴于美国通胀压力加大，与加息时间不确定相关的不明朗因素增加。海外市场的估值问题备受关注，可能会增添市场的波动性。内地方面，房产商的流动性状况及内地经济前景亦可能影响投资者情绪。

大型科技股对香港股市的重要性和影响力可谓与日俱增。过去数年，香港股票市场的结构发生了重大变化，大型科技股变得越来越重要。科技股等股票（包括拥有不同投票权架构的公司及第二上市公司股票）的上市，大幅提振了交易氛围。由于这些科技股通常是知名品牌公司股票及大型股，因此同时受到了境内和境外投资者的欢迎。

2021年，大型科技股的交易额占香港股票市场总交易额的35%（2016年为9%），而恒生指数成份股（科技股除外）的占比则下跌至27%（2016年为45%）。在同一时期，恒生科技指数成份股的成交额比例上升至99%（2016年为49%），远高于恒生指数成份股（科技股除外）。①

实际上，美国也出现了科技股受市场追逐并大幅增长的情况，科技行业的股票交易十分活跃，所录得的升幅远超传统行业。2021年，五大科技股的平均每日成交额约为五大传统行业股（包括金融及能源领域股票）平均每日成交额的4倍，相比2016年，五大科技股平均每日成交额上涨9倍，而五大传统行业股的升幅则仅为46%。

---

① 一般来说，科技股相对较为波动，其历史市盈率亦处于高水平（截至2021年底，恒生科技指数市盈率是14.9倍，而同期的恒生指数市盈率是9.3倍），可能会对大市构成影响。

第十五章　互联互通数据分析[*]

2014 年 4 月 10 日，时任国务院总理李克强宣布建立上海与香港股票市场交易互联互通机制，香港恒生指数只上涨了一天就掉头向下，至 5 月 7 日才停止下跌，随后的 3 个月出现了连续上涨。事实上，互联互通机制不是只会短期影响市场的单一政策，而是中央政府为全面深化改革而制定的长远规划。尽管 2014 年 11 月沪港通实施后，内地和香港股市在 2015 年随即经历大幅度的波动，但这并不妨碍深港通和债券通的陆续出台以及内地和香港两地股市在随后若干年的快速发展。由此可见，互联互通机制的正面影响力并不是一朝一夕就能体现的，其对于内地和香港资本市场的发展而言也必然是长期利好因素。

（一）2015 年沪港通市场分析

2014 年 11 月 17 日，沪港通即沪港股票市场交易互联互通机制正式启动，上海证券交易所和香港联合交易所有限公司允许两地投资者在一定的每日额度及总额度内买卖在对方交易所上市的合资格股份。

沪股通的每日额度定为人民币 130 亿元，而港股通的每日额度

---

[*]　本章数据因四舍五入原因存在计算误差，未做调整。

则定为人民币 105 亿元。2015 年，沪股通每日额度的使用量介于人民币 1000 万元（0.08%）至人民币 83 亿元（63.8%）之间；港股通在 4 月 8 日及 9 日用尽了每日额度，至于其他时间，港股通每日额度的使用量介于人民币 200 万元（0.02%）至人民币 54 亿元（51.4%）之间。

沪股通的总额度定为人民币 3000 亿元，而港股通的总额度则定为人民币 2500 亿元。截至 2015 年 12 月 31 日，沪股通的累计总额度使用量为人民币 1197 亿元（39.9%）；而港股通的累计总额度使用量为人民币 1083 亿元（43.3%）。

从累计总额度使用量所占比例看，港股通在 2015 年 12 月首次超过沪股通。截至 2015 年 12 月 31 日，在沪股通下有 569 只合资格股票，而在港股通下有 296 只合资格股票。2015 年，沪股通的平均每日成交额为人民币 64 亿元，占上海市场平均每日成交额的 0.6%，交易活跃的股份大多是大型股及 A＋H 股；港股通的平均每日成交额为人民币 27 亿元，占香港市场平均每日成交额的 1.6%，交易活跃的股份大多是大型股、A＋H 股及内地民营企业股。

（二）2016 年互联互通市场分析

继 2014 年 11 月 17 日推出沪港通后，深港通于 2016 年 12 月 5 日开通。内地与香港股票市场交易互联互通机制启动。内地与香港投资者可以在一定的每日额度内买卖在对方市场上市的合资格股份。

中国证监会与香港证监会就深港通发表联合公告后，沪港通总额度于 2016 年 8 月 16 日取消。深港通不再设总额度限制。沪股通及深股通的每日额度均定为人民币 130 亿元，而在沪港通及深港通下的港股通每日额度则定为人民币 105 亿元。

截至 2016 年底，自有关计划推行以来的累计净买入额如下：

沪股通为人民币 1326 亿元；深股通为人民币 152 亿元；在沪港通下的港股通为人民币 3217 亿元，在深港通下的港股通为人民币 61 亿元。

截至 2016 年 12 月 31 日，在沪港通下，沪股通有 574 只符合互联互通资格的股票，港股通有 315 只符合互联互通资格的股票；而在深港通下，深股通有 881 只符合互联互通资格的股票，港股通有 417 只符合互联互通资格的股票。2016 年，沪股通及深股通平均每日成交额（包括买卖交易的成交额）合计为人民币 33 亿元，占内地市场平均每日成交额的 0.3%，2015 年则为人民币 64 亿元。自 2016 年 12 月 5 日起，在北向的成交额中，深股通占 27%，沪股通占 73%；在将沪港通及深港通下的港股通合并计算的情况下，港股通的平均每日成交额（包括买卖交易的成交额）为人民币 32 亿元，占香港市场平均每日成交额的 2.8%，2015 年则为人民币 27 亿元。

（三）2017 年互联互通市场分析

继 2014 年 11 月 17 日沪港通开通后，深港通于 2016 年 12 月 5 日开通，这意味着两地监管部门在全面启动内地与香港股票市场交易互联互通机制方面达成共识。内地与香港投资者可以在一定的每日额度内买卖在对方市场上市的合资格股份。沪股通及深股通的每日额度均定为人民币 130 亿元，而在沪港通及深港通下的港股通每日额度则定为人民币 105 亿元。截至 2017 年底的累计净买入额如下：沪股通及深股通为人民币 3475 亿元；港股通为人民币 6255 亿元。2017 年，沪股通及深股通平均每日成交额（包括买卖交易的成交额）合计为人民币 96 亿元，占内地市场平均每日成交额的 1.1%（2016 年则为人民币 33 亿元，占内地市场平均每日成交额的 0.3%）。

在将沪港通及深港通下的港股通合并计算的情况下，港股通的平均每日成交额（包括买卖交易的成交额）为人民币 86 亿元，占香港市场平均每日成交额的 5.6%（2016 年为人民币 32 亿元，占香港市场平均每日成交额的 2.8%）。

截至 2017 年，内地与香港股票市场交易互联互通机制已覆盖约 1500 只内地股票及 440 只香港股票，占两地市场市值的比例超过 80%。这一机制运作畅顺，而结算及交收系统亦能够应对正在急速增长的成交量。自内地与香港股票市场互联互通机制启动以来，透过沪港通及深港通下的港股通流入香港的资金净额已达人民币 6255 亿元。恒生指数重磅股（例如金融股、信息科技股及地产股）更是一直受到内地资金的青睐。就沪股通及深股通而言，国际投资者至 2017 年底买入的 A 股合计为人民币 3475 亿元，其中上海的金融及基建股，以及深圳的科技及消费股均受到追捧。

2017 年，港股通的平均每日成交额占香港市场平均每日成交额的 6%，较 2016 年的 2.8% 增长约一倍。沪股通及深股通的平均每日成交额亦由 2016 年占内地市场成交额的 0.3%，升至 2017 年的 1%。

鉴于内地与香港股票市场交易互联互通机制便利了投资者进入内地市场，MSCI 已决定在 2018 年将 A 股纳入其新兴市场指数。若内地市场进一步开放，假以时日，A 股有可能被纳入其他国际指数，而且在指数中所占的比重亦将会进一步提升。内地与香港两地市场和监管部门都预期内地与香港股票市场交易互联互通机制会进一步发展。有关部门可能会研究扩大额度及增加可供买卖的股票和金融产品的种类，令这一机制更为全面及深入，并提升内地及国际投资者的参与度。而香港各界对此反应积极，在内地与香港股票市场交易互联互通机制的作用下，香港会继续扮演中国与世界各地之间的超级联系人角色。与此同时，人民币资金的跨境使用及流通规模可能会有所增长，这会进一步巩固香港作为离岸人民币中心的地位。

（四）2018 年互联互通市场分析

截至 2018 年底，内地与香港股票市场交易互联互通机制下的累计净买入额如下：沪股通及深股通为人民币 6417 亿元；港股通为人民币 6931 亿元。需要注意的是，尽管港股通经纪在总买卖中占较小的份额，但他们对股市表现的影响日渐增加。2015 年、2016 年，港股通经纪的净资金流入很少与恒生指数升跌的走势一致。自 2017 年起，随着净资金流入和流出上升，港股通经纪的净资金流开始对恒生指数表现构成影响。2015 年 1 月至 2016 年 12 月，港股通经纪占香港市场买卖比例少于 10%。但自 2017 年起，港股通经纪在大多数月份的净资金流入和流出与传统机构经纪的净资金流入和流出相若，甚至超越传统机构经纪的净资金流入和流出。

在 MSCI 将 A 股纳入新兴市场指数的消息的支持下，沪股通及深股通的净买入额自 2018 年 3 月起有所提升。2018 年 3 至 12 月，沪股通及深股通的净买入额总计达人民币 2617 亿元，占内地与香港股票市场交易互联互通机制推出以来沪股通及深股通累计净买入额的 41%。

2018 年，沪股通及深股通的平均每日成交额（包括买卖交易的成交额）合计为人民币 204 亿元，占内地市场平均每日成交额的 2.8%（2017 年则为人民币 96 亿元，占内地市场平均每日成交额的 1.1%）。在将沪港通及深港通下的港股通合并计算的情况下，港股通的平均每日成交额（包括买卖交易的成交额）为人民币 108 亿元，占香港市场平均每日成交额的 5.9%（2017 年则为人民币 86 亿元，占香港市场平均每日成交额的 5.6%）。

整体而言，经港股通流入的资金对香港市场表现的影响逐渐扩大。自 2017 年起，内地与香港股票市场交易互联互通机制下的港股通经纪相比传统机构经纪对香港市场表现有更大影响力，而传统机构经纪虽然占买卖交易的主导地位，但其影响已减弱。这一情况可能由港股通经纪在市场的参与度不断上升，且他们的方向性投资导致净买入或净卖出持仓量较大所致。相比之下，传统机构经纪的买卖比重相对平衡，因此净持仓量较小，影响逐渐减弱。

交易模式（买入与卖出的总金额）及净资金流入和流出金额（买入与卖出金额之间的差额）显示，2017 年之前，传统机构经纪在香港市场的买卖中占很大比重且对股市的表现有重大影响。然而，自 2017 年起，尽管传统机构经纪依然主导买卖活动，但他们对市场表现的影响有所减弱。传统机构经纪的净资金流入和流出金额不但减少，而且偶尔会被港股通经纪的净资金流入和流出金额超越。

2015 年、2016 年，传统机构经纪的净资金流入和流出情况与恒生指数的整体表现相吻合。传统机构经纪在股市上升时是净买家（有净资金流入），而当股市下跌时则是净卖家（有净资金流出）。传统机构经纪的净资金流入和流出在 24 个月中有 23 个月与市场走势一致。然而，自 2017 年起，由于传统机构经纪对恒生指数的影响开始减弱，上述特征有所改变。2017 年 1 月至 2018 年 12 月，传统机构经纪的净资金流入和流出在 24 个月中只有 12 个月与市场走势一致。2015 年 1 月至 2018 年 12 月，传统机构经纪约占香港市场买卖的 70%。自 2017 年至 2018 年底，由于传统机构经纪的交易模式与港股通经纪不同，传统机构经纪有些月份的净资金流入和流出较港股通经纪少。换言之，港股通经纪对香港市场表现的影响逐渐增加。

经纪的交易模式转变对于香港市场有渐进性的影响。尽管传统机构经纪主导了香港市场的买卖，但由于他们对市场有不同看法，经常导致买入及卖出大致平衡，并因而令净资金流入和流出相对较少。因此，传统机构经纪对恒生指数表现的影响正在逐步减弱。另外，尽管港股通经纪只占香港市场买卖的10%以下，但由于很多内地投资者倾向于进行同向交易，净资金流入和流出相对会较多。如果这个走势持续，并且港股通经纪占香港市场买卖的份额增大，香港整体的投资者架构及交易模式可能会受到影响。

（五）2019年互联互通市场分析

2019年，内地与香港股票市场交易互联互通机制下的累计净买入额继续增长，北向交易为人民币9935亿元，南向交易为人民币9177亿元。

在内地与香港股票市场交易互联互通机制下2019年北向与南向交易均录得强劲的净买入额。随着国际指数相继纳入A股，2019年北向交易的净买入额增至人民币3517亿元（2018年则为人民币2942亿元）。鉴于A+H股存在溢价，南向交易连续十个月录得净买入，2019年的净买入额达人民币2246亿元（为2018年的3倍多）。

2019年，内地与香港股票市场交易互联互通机制下的交易额所占比重越来越大。北向交易的平均每日成交额为人民币417亿元，占内地市场平均每日成交额的4.0%（2018年则为人民币204亿元，占内地市场平均每日成交额的2.8%）。南向交易的平均每日成交额为人民币96亿元，占香港市场平均每日成交额的6.2%（2018年则为人民币108亿元，占香港市场平均每日成交额的5.9%）。

（六）2020年互联互通市场分析

2020年，内地与香港股票市场交易互联互通机制下的交易活跃。北向交易的平均每日成交额（包括买卖交易的成交额）为人民币 913 亿元，占内地市场平均每日成交额的 5.4%（2019 年则为人民币 417 亿元，占内地市场平均每日成交额的 4.0%）；南向交易的平均每日成交额（包括买卖交易的成交额）为 244 亿元，占香港市场平均每日成交额的 9.4%（2019 年则为 96 亿元，占香港市场平均每日成交额的 6.2%）。在累计净买入额方面，截至 2020 年底，北向交易为人民币 12023 亿元；南向交易为人民币 15209 亿元。

2020 年南向交易资金流入创历史新高。年内南向交易净买入额增至 6721 亿港元，与 2019 年和 2018 年的净买入额（2493 亿港元和 827 亿港元）相比，分别高出 1.7 倍和 7.1 倍；占内地与香港股票市场交易互联互通机制推出以来至 2020 年底南向交易累计净买入额的近 40%；2019 年 3 月至 2020 年 12 月，南向交易连续 22 个月录得净买入。

需要注意的是，大型股在内地与香港股票市场交易互联互通机制下的南向交易中录得显著的净买入。在南向交易中，内地投资者对大型股表现出浓厚的兴趣。2020 年，排名前 20 的股票净买入额占南向交易净买入额的比例将近 70%。在这 20 只股票当中，有 17 只是恒生综合大型股指数的成份股。

由于估值相对较低以及投资者对新经济股和知名股票较感兴趣，南向交易资金流入态势强劲。香港证监会认为，强劲的南向交易资金流入可归因于以下几方面。（1）偏低的估值。恒生指数及恒生中国企业指数市盈率分别约为 15 倍、11 倍，与其他主要股票市场相比较低（沪深 300 指数市盈率为 20 倍、上证综合指数市盈率为 18 倍、深证综合指数市盈率为 50 倍、道琼斯指数市盈率为 25 倍）。（2）A＋H 股溢价。A＋H 股存在溢价，意味着 H 股的估值较低，所以南向交易录得强劲的净买入。（3）新经济股的独特性。南向交易资金流向在内地有业务但在内地市场没有上市的龙头新经济股。净买入额排名前五的新经济股合计录得 2265 亿港元的南向交易净买入额（占南向交易净买入额比例超过 30%）。（4）分散投资组合。内地与香港股票市场交易互联互通机制为内地投资者提供了扩大投资范围并透过分散投资组合降低风险的渠道。

（七）2021 年互联互通市场分析

2021 年，内地与香港股票市场交易互联互通机制下的交易活跃：北向交易的平均每日成交额（包括买卖交易的成交额）为人民币 1201 亿元，占内地市场平均每日成交额的 5.7%（2020 年则为人民币 913 亿元，占内地市场平均每日成交额的 5.4%）；南向交易的平均每日成交额（包括买卖交易的成交额）为 417 亿元，占香港市场平均每日成交额的 12.5%（2020 年则为 244 亿元，占香港市场平均每日成交额的 9.4%）。在净买入额方面，2021 年北向交易为人民币 4322 亿元（2020 年则为人民币 2089 亿元）；南向交易为人民币 3823 亿元（2020 年则为人民币 6032 亿元）。

值得一提的是，MSCI 中国 A 股指数期货于 2021 年 10 月 18 日在香港推出。这项新产品为国际投资者提供了有效的对冲工具，让他们可透过香港管理其在 A 股市场上的风险，巩固了香港作为中国内地金融风险管理中心的特殊角色。MSCI 中国 A 股指数期货的挂钩指数包含了中国内地 A 股大型股中的 50 只来自不同行业的股票，具有均衡的行业代表性。这 50 只股票都可以通过内地与香港股票市场交易互联互通机制下的北向交易进行买卖。就成交量及未平仓合约数量而言，MSCI 中国 A 股指数期货已经成为香港交易所 MSCI 指数衍生产品类别之中最大的指数期货。2021 年 10 月 18 日至 12 月 31 日，MSCI 中国 A 股指数期货的平均每日成交量为

11558 张合约，名义价值为 7.94 亿美元。截至 2021 年底，未平仓合约数量上升至 31710 张合约，名义价值为 21.67 亿美元。MSCI 中国 A 股指数期货的增长已经超过另一个快速增长的指数期货，即 2020 年 7 月 27 日推出的恒生科技指数期货。自产品上市以来，MSCI 中国 A 股指数期货的成交量和未平仓合约数量普遍超过恒生科技指数期货的同期水平。

第十六章　互联互通整体趋势

A 股在 MSCI 新兴市场指数中的比重增加，对香港市场可产生两方面的影响。一方面，因在香港上市的内地股票在 MSCI 新兴市场指数中的比重由 2017 年的 22.27% 下跌至 2019 年的 20.95%，触发资金流出。另一方面，追踪有关指数的基金有所增加，产生资金流入。MSCI 估计追踪 MSCI 新兴市场指数的基金由 2017 年的约 16000 亿美元上升至 2019 年的约 19000 亿美元。综合以上两方面影响，追踪在香港上市的内地股票的基金由 2017 年的约 3560 亿美元增加至 2019 年的约 3980 亿美元，触发约 420 亿美元流入香港。

内地与香港股票市场交易互联互通机制下的北向交易逐步增加。自正式推出以来，北向交易的平均每日成交额为人民币 417 亿元（2017 年为人民币 96 亿元）。在内地与香港股票市场交易互联互通机制将 A 股市场买卖逐步向国际投资者开放以后，市场上出现了对国际投资者在香港市场的买卖可能会减少的担忧。然而，香港市场的交易不但有所增长，增幅还优于其他主要市场。在内地与香港股票市场交易互联互通机制于 2014 年 11 月推出后，香港的平均每日股票成交额由 2010 年至 2014 年期间的 440 亿港元，上升近 40% 至 2015 年至 2019 年期间的 610 亿港元。相比而言，香港市场的平均每日股票交易增幅（近 40%）优于主要市场，包括美国（11%）、英国（-8%）及日本（20%）市场。

此外，没有迹象显示内地股份在香港的流通性下降。在香港上市的内地股票2019年在香港股票成交额中所占的比重已上升至79%；相比之下，2013年的占比为72%。恒生中国企业指数衍生产品在未平仓合约数量及成交量方面都录得显著增长。到2019年底，恒生中国企业指数期货及期权的未平仓合约数量分别较2017年底上升40%、5%。2018年至2019年期间，恒生中国企业指数期货及期权的平均每日成交量与2017年相比，分别上升25%、16%。

随着互联互通机制的快速发展，香港作为国际金融风险管理中心的地位和角色日益稳固。自2018年以来，透过内地与香港股票市场交易互联互通机制流入A股市场的资金约为人民币6460亿元，部分是由A股被纳入MSCI新兴市场指数所带动的。这导致恒生中国企业指数衍生产品在香港的活动增加，这些产品被市场参与者视为管理其A股投资组合风险的工具。

整体而言，主要国际指数纳入A股促使国际机构投资者进一步参与内地市场。此外，内地与香港股票市场交易互联互通机制现已成为国际机构投资者投资内地的首选渠道。透过内地与香港股票市场交易互联互通机制进一步开放内地市场，会巩固香港作为连接内地与国际市场的重要门户的地位。

附件一 互联互通的交易安排

为帮助读者更好地理解互联互通机制的交易安排和监控特点，本部分将整合香港交易所官方网站的公开信息并进行详细分析和全面介绍。需要特别指出的是，本部分所载数据和技术细节仅供参考，不构成任何形式的规则解释或权威说明，任何在中国内地或香港所执行的证券交易，包括通过沪港通、深港通或债券通等机制进行买卖、结算及交收的权利与责任，将完全由中国内地及香港的相关法律法规以及相关交易所或结算所的适用规则所决定。另外需要注意的是，本部分关于互联互通机制技术细节的介绍或论述主要来自中国内地和香港官方认可的机构以及有关部门承认或许可的数字化操作系统。这些机构包括香港交易及结算所有限公司（简称"香港交易所"）、香港联合交易所有限公司（简称"联交所"）、香港中央结算有限公司（简称"香港结算"）、深圳证券交易所（简称"深交所"）、上海证券交易所（简称"上交所"）及中国证券登记结算有限责任公司（简称"中国结算"）（上述机构本书统称"该等实体"；各称"实体"）或其附属公司、其他形式实体。

一 一般交易安排

1. 互联互通机制的定义

互联互通机制是指中国内地与香港市场之间建立的资本市场

互联互通机制，主要包括股票通和债券通。如果仅就股票市场而言，互联互通机制则指沪港通及深港通。其中，沪港通包括"沪港交易通"与"沪港结算通"，是由香港交易所、上交所与中国结算在中国内地与香港两地证券市场建立的交易及结算互联互通机制，该机制旨在实现两地投资者直接进入对方市场的目标。

以沪港通的制度框架为例，联交所（香港交易所全资附属公司）与上交所建立市场间买卖盘传递技术设施，让各自市场的投资者能够通过联交所与上交所的独资子公司买卖在对方市场上市的特定范围股票（其中"沪港交易通"包括沪股交易通与港股交易通）。香港结算与中国结算负责为各自市场参与者或投资者通过沪港通或其他互联互通机制进行的交易进行结算、交收并提供存管、代理人等相关服务（其中"沪港结算通"包括沪股结算通与港股结算通）。

沪港通于 2014 年 11 月 17 日推出。深港通于 2016 年 12 月 5 日推出，并且在整体上沿用了与沪港通相若的原则及设计。符合资格的上交所上市 ETF 及深交所上市 ETF 于 2022 年 7 月 4 日开始成为沪股通及深股通的合资格证券，有关数据也可参见香港交易所网站。[①]

2. 投资者参与范围

根据沪港通的交易安排和相关规定，香港与海外投资者可买卖上交所上市的个别股票和 ETF（即沪股通证券）。所有香港及海外投资者（包括机构及个人投资者）均可买卖沪港通下的沪股通证券（科创板股票除外）。科创板股票仅限机构专业投资者买卖。

根据深港通的交易安排和相关规定，香港与海外投资者可买

---

① https://www.hkex.com.hk/Mutual-Market/Stock-Connect/Reference-Materials/Inclusion-of-ETFs-in-Stock-Connect? sc_lang = zh-HK.

卖在深交所上市的个别股票和ETF（即深股通证券）。所有香港及海外投资者（包括机构及个人投资者）均可买卖深港通下的深股通证券（创业板股票除外）。创业板股票仅限机构专业投资者买卖。

需要注意的是，自生效日2022年7月25日起，中华通交易所参与者（CCEP）和透过中华通交易所参与者买卖之交易所参与者（TTEP）不得为内地投资者开通新的券商客户编码，即以CHN为证件签发国家或地区的券商客户编码（CHN BCAN）的注册将被拒绝。根据规定，自生效日起的一年过渡期（2022年7月25日至2023年7月23日）内，已注册CHN BCAN的内地投资者可继续使用已注册的CHN BCAN通过沪深股通买卖中华通证券；并且在过渡期内，已注册CHN BCAN的内地投资者若因其券商倒闭等特殊情形无法通过沪深股通买卖中华通证券，可在其他CCEP或TTEP开通沪深股通交易账户并注册新的CHN BCAN。而在过渡期结束后（2023年7月24日起）的主要操作选项为：（1）CCEP和TTEP应注销其内地投资者客户的全部CHN BCAN；（2）内地投资者不得通过沪深股通主动买入中华通证券（包括参与配股），但因公司行为（如分配股票股利）等被动取得中华通证券的情形除外；（3）内地投资者持有的中华通证券可通过附加联交所规定的指定默认值继续卖出。

需要注意的是，沪港通及深港通的适用范围仅限于二级市场交易，并不支持一级市场或集资市场的活动（例如首次公开招股或IPO）。因此，香港及海外投资者暂时无法通过沪港通或深港通的相关机制参与上交所及深交所证券的首次公开发行。

3. 沪港通可投资证券产品范围

在各类沪股和深股中，仅有A股及ETF被纳入沪港通及深港通。其他产品类别如B股、债券以及其他证券不包括在内。可通过沪港通进行北向交易的合资格 A 股包括上证 180 指数的成份股、上证 380 指数的成份股，以及不在上述指数成份股内但有 H 股同时在联交所上市及买卖的上交所上市 A 股，但不包括下列股票：

（1）所有以人民币以外货币报价的沪股；

（2）所有被实施风险警示的沪股①。

获准通过沪股通买卖上交所科创板股票的投资者仅限机构专业投资者。沪股将依据上证 180 指数及上证 380 指数的调整、相关 A 股及 H 股在上交所或联交所上市或除牌的时间，以及相关 A 股被实施风险警示或解除风险警示的时间，而进入沪股通股票范围或被从中剔除。

需要注意某些只供卖出的沪股通股票。沪股通股票将在以下几种情况下被暂停买入（但允许卖出）：

（1）该等沪股不再属于有关指数成份股；及/或

（2）该等沪股被实施风险警示；及/或

（3）该等沪股相应的 H 股不再在联交所挂牌买卖（视何者适用而定）。

就 A + H 股而言，若一家中国公司寻求在上交所（作为 A 股）及联交所（作为 H 股）同时上市，则相关 A 股将在其在上交所交易 10 个交易日后或相关 H 股的价格稳定期（按其招股章程所述）完结或期满之后获接纳成为沪股通股票。若有 A 股不获接纳成为沪股通股票的上交所挂牌公司寻求通过 H 股于联交所上市，则其

---

① 指被上交所实施"风险警示"的相关股份，包括 ST 公司及 ＊ST 公司的股份，以及根据上交所规则有停牌风险或必须进行除牌程序的股份。详情请查阅《上海证券交易所上市规则》，http://www.sse.com.cn/lawandrules/sserules/listing/stock/；《上海证券交易所风险警示板股票交易管理办法》，http://www.sse.com.cn/lawandrules/sserules/main/trading/stock/a/20200529/1a862792380e556954b8dcfc5c44e7ff.docx。

A 股将在 H 股价格稳定期（按其招股章程所述）完结或期满之后获接纳成为沪股通股票。若有在联交所（作为 H 股）挂牌的中国公司寻求通过 A 股于上交所上市，则该等 A 股将于其在上交所交易 10 个交易日后获接纳成为沪股通股票。若沪股通股票的相应 H 股在联交所暂停买卖，投资者可继续买卖相关沪股通股票，联交所另有决定除外。

投资者收取证券的问题，常见于香港及海外投资者因分派权利（包括在供股或公开发售中认购股份的权利）或权益、转换、收购、其他公司行动或特殊情况而收到未被接纳为沪股通股票的证券。通常有两种情况：（1）若此等证券是沪股并以人民币交易，香港及海外投资者可透过沪港通卖出证券；（2）若此等证券并非沪股，香港及海外投资者不可透过沪港通出售证券。香港结算现正研究另作安排处理此等证券，并将在适当时候向中央结算系统参与者提供最新数据。

4. 深港通可投资证券产品范围

上述规则在同等条件下也适用于可通过深港通进行北向交易的合资格 A 股证券产品。符合资格的 A 股股票包括深证成份股指数和深证中小创新指数①所有市值不少于人民币 60 亿元的成份股，以及不在上述指数成份股内但有相关 H 股在联交所上市的所有深交所上市 A 股，但不包括：（1）不以人民币交易的深股；及（2）被实施风险警示的深股②。

能通过深股通买卖深交所创业板股票的投资者仅限机构专业投资者。深股将依据深证成份股指数和深证中小创新指数的调整、

---

① 两个指数包括在深交所主板、中小企业板及创业板市场挂牌的股份。

② 指被深交所实施"风险警示"的相关股份，包括 ST 公司及＊ST 公司的股份，以及根据深交所规则有停牌风险或必须进行除牌程序的股份。详情请查阅《深圳证券交易所上市规则》，http://www.szse.cn/lawrules/rule/new/index.html。

深证成份股指数和深证中小创新指数各成份股在指数进行定期调整时按深交所厘定方法计算的市值、相关 A 股及 H 股在深交所或联交所上市或除牌的时间，以及相关 A 股被实施风险警示或解除风险警示的时间，而进入深股通股票范围或被从中剔除。

就 A + H 股而言，若一家中国公司寻求在深交所（作为 A 股）及联交所（作为 H 股）同时上市，则相关 A 股将在其在深交所交易 10 个交易日后或相关 H 股的价格稳定期（按其招股章程所述）完结或期满后获接纳成为深股通股票。若有 A 股不获接纳成为深股通股票的深交所挂牌公司寻求通过 H 股于联交所上市，则其 A 股将在 H 股的价格稳定期（按其招股章程所述）完结或期满之后获接纳成为深股通股票。若有在联交所（作为 H 股）挂牌的中国公司寻求通过 A 股于深交所上市，则有关 A 股将于其在深交所交易 10 个交易日后获接纳成为深股通股票。若深股通股票的相应 H 股在联交所暂停买卖，投资者仍可买卖相关深股通股票，联交所另有决定除外。

同样需要注意的是只供卖出的深股通股票。深股通股票将在以下几种情况下被暂停买入（但允许卖出）：（1）该等深股不再属于有关指数成份股；及/或（2）该等深股的市值按任何其后进行的定期审核都低于人民币 60 亿元；及/或（3）该等深股被实施风险警示；及/或（4）该等深股相应的 H 股不再在联交所挂牌买卖（视何者适用而定）。

投资者收取证券的问题，涉及香港及海外投资者因分派权利（包括在供股或公开发售中认购股份的权利）或权益、转换、收购、其他公司行动或特殊情况而收到未获接纳成为深股通股票的证券：（1）若此等证券是深股并以人民币交易，香港及海外投资者可透过深港通卖出证券；及（2）若此等证券并非深股，香港及海外投资者不可透过深港通出售证券。香港结算现正研究另作安排处理此等证券，并将在适当时候向中央结算系统参与者提供最新数据。

5. 沪港通及深港通北向交易的合资格交易所交易基金（ETF）

在定期调整考察时符合以下五个条件的上交所上市 ETF 及深交所上市 ETF 将获接纳成为合资格 ETF：

（1）有关 ETF 以人民币计价，且最近六个月日均资产规模不低于人民币 15 亿元；

（2）有关 ETF 须已上市不少于六个月；

（3）跟踪的目标指数发布时间满一年；

（4）跟踪的目标指数中，上交所和深交所上市股票权重占比不低于 90%，且沪股通股票和深股通股票权重占比不低于 80%；

（5）跟踪的目标指数或者其编制方案须符合以下两组条件之一：

（a）适用于宽基股票指数①：单一成份股权重占比不超过 30%。

（b）适用于非宽基股票指数：成份股数量不低于 30；单一成份证券权重占比不超过 15% 且前五大成份证券权重合计占比不超过 60%；权重占比合计在 90% 以上的成份股最近一年日均成交金额位于其所在证券交易所上市股票的前 80%。

需要注意只供卖出的沪股通及深股通北向交易 ETF。合资格 ETF 如在定期调整考察截止日符合以下任何一个条件，其便将被指定为暂停买入只供卖出的证券：

（1）有关 ETF 最近六个月日均资产规模低于人民币 10 亿元；

（2）跟踪的目标指数中，上交所和深交所上市股票权重占比低于 85%，或者沪股通股票和深股通股票权重占比低于 70%；

---

① 宽基股票指数是指选样范围不限于特定行业或投资主题，反映某个市场或某种规模股票表现的指数。

（3）跟踪的目标指数及其编制方案符合以下任何一组条件：

（a）适用于宽基股票指数：单一成份股权重占比超过30%。

（b）适用于非宽基股票指数：成份股数量低于30；单一成份证券权重占比超过15%，或前五大成份证券权重合计占比超过60%；或最近一年日均成交金额位于其所在证券交易所上市股票前80%的成份股，其权重占比合计低于90%。

符合资格的北向交易沪股通及深股通证券（包括A股、ETF以及只供卖出的沪股通和深股通证券）名单已登载于香港交易所网站①并实时更新。

在判断一个相关指数成份股是否符合最低市值要求（深股通股票：60亿元人民币；深港通下的港股通股票：50亿元港币）从而具备资格参与深港通股票交易时，相关市值的计算也是投资者经常提及的问题。

对于深证成份股指数和深证中小创新指数的成份股（也就是深股通股票），计算方法如下：（1）该成份股在相关指数成份股定期调整考察截止日前六个月的A股日均市值；或（2）若该成份股在相关指数成份股进行定期调整考察时上市不足六个月，则采用其上市以来的A股日均市值。

对于恒生综合小型股指数的成份股（即深港通下的港股通股票），计算方法如下：（1）该成份股在相关指数成份股定期调整考察截止日前十二个月的港股平均月底市值；或（2）若该成份股在相关指数成份股进行定期调整考察时上市不足十二个月，则采用其上市以来的港股平均月底市值。

上述指数计算存在考察期，因而市值也应按照有关指数的考

---

① https://www.hkex.com.hk/Mutual-Market/Stock-Connect/Eligible-Stocks/View-All-Eligible-Securities? sc_lang = zh-HK.

察期调整计算方法。例如北向交易所涉及的深证成份股指数和深证中小创新指数以及南向交易所涉及的恒生综合小型股指数平均每半年就会进行一次指数调整考察。

6. 判断 ETF 是否符合沪股通及深股通纳入条件

ETF 将于默认的数据截止日（包括推出时首个默认的数据截止日以及其后定期调整考察的数据截止日）被考察是否符合沪股通及深股通纳入条件。上交所上市 ETF 及深交所上市 ETF 数据截止日的相关数据，如符合前述所有资格条件则将被纳入北向合资格 ETF 名单。其后每六个月将定期调整考察北向合资格 ETF 名单。所有上交所上市 ETF 及深交所上市 ETF 将依据定期调整考察数据截止日（每年 6 月及 12 月的第二个星期五后的首个交易日）的相关数据进入北向合资格 ETF 名单或被从中剔除。

北向合资格 ETF 名单将于定期调整考察的数据截止日后第四个星期五（如非港股交易日，则为前一个港股交易日）公布。相应北向合资格 ETF 名单将于公布后的第二个星期一（如非 CSC 交易日，则为下一个 CSC 交易日）生效。北向合资格 ETF 名单、相关更新及相应生效日期将登载于香港交易所网站[①]。

另外，当证券投资者的投资计划涉及一个或多个证券产品，但需要提前确认该证券是否为北向合资格的 A 股或 ETF 时，该证券投资者可以通过特定的官方渠道进行确认。就有关分类的疑问，证券投资者可以参考上交所及深交所网站公布的相关名单[②]。至于沪股通及深股通下的合资格中华通证券，证券投资者可参考登载

---

① https://www.hkex.com.hk/Mutual-Market/Stock-Connect/Eligible-Stocks/View-All-Eligible-Securities? sc_lang = zh-HK.

② 上交所股票：http://www.sse.com.cn/assortment/stock/list/share/；上交所 ETF：http://www.sse.com.cn/assortment/fund/list/；深交所股票：http://www.szse.cn/market/product/stock/list/index.html；深交所 ETF：http://www.szse.cn/market/product/list/etfList/index.html。

于香港交易所网站的相关名单①。

7. 投资者保护

互联互通机制下的相关投资者在特定情况下可以获得香港证监会根据香港《证券及期货条例》所设立的投资者赔偿基金的保障。根据香港《证券及期货条例》所设立的投资者赔偿基金于2020年1月1日扩展至北向交易。另外，香港《证券及期货条例》要求交易所参与者遵守有关投资者保障措施，这也适用于交易所参与者根据沪港通及深港通为客户提供的北向交易服务。

另外，当上交所或深交所证券涉及退市时是否会设置"退市整理期"，也是国际投资者所普遍关心的问题。上交所和深交所于2020年12月31日进行了退市制度优化，按照优化后的安排，对于根据交易类强制退市情形而实施退市的股票不再设置退市整理期，一旦触及相应退市准则随即退市。对于根据交易类强制退市情形以外的其他强制退市情形而实施退市的股票仍设置退市整理期，退市整理期由30个交易日缩短至15个交易日。退市整理期首日不设每日价格涨跌幅限制。有关操作细则可以参考上交所发布的相关规则（最新规则包括上交所股票上市规则和上交所科创板股票上市规则）及深交所发布的相关规则（最新规则包括深交所股票上市规则和深交所创业板股票上市规则），并留意由发行人不定时于上交所或深交所网站或信息供货商发布的通知以获取信息披露详情。然而，对于北向合资格ETF将不设退市整理期。合资格ETF若从上交所或深交所市场退市，其自退市日起便不再是中华通证券，并退出合资格证券名单，即ETF退市后其买卖盘将不再获得认可接纳。基金管理人将根据《中华人民共和国证券投资

---

① https://www.hkex.com.hk/Mutual-Market/Stock-Connect/Eligible-Stocks/View-All-Eligible-Securities? sc_lang = zh-HK.

基金法》规定的原则①，为退市的 ETF 清算资产，并通过香港结算机制对依法清算所得的现金进行分配或给付仍持有该 ETF 的投资者。

8. 沪港通及深港通的交易额度

通过沪港通及深港通达成的交易有每日额度限制。沪股通及深股通的合资格 A 股及 ETF 将共享同一个北向交易每日额度。北向交易及南向交易各有每日额度，由联交所与上交所或深交所分别监控。沪港通及深港通下，北向交易每日额度各为人民币 520 亿元，南向交易每日额度各为人民币 420 亿元。每日额度按"净买盘"的基础计算。基于此原则，不管额度结余多少，投资者随时均可出售跨境证券或输入取消买卖盘指令。

沪港通下的总额度已于 2016 年 8 月 16 日取消。深港通不曾设总额度。

其中，每日额度限制沪港通及深港通下每日跨境交易的最高买盘净额。联交所实时监察北向交易每日额度的用量，额度余额每隔 1 分钟在香港交易所网站上更新一次，并通过"香港交易所领航星"市场数据平台—证券市场（OMD-C）之中华通市场信息传送专线（SCM）每 5 秒发布一次。

每日额度余额 = 每日额度 - 买盘订单 + 卖盘成交金额 + 微调

每日额度将每日清零。未使用的每日额度不会结转至下一日的每日额度。一旦北向交易每日额度余额于开市集合竞价时段降至零或交易量超过余额，新的买盘便将被驳回。不过，由于取消订单在开市集合竞价时段很普遍，北向交易每日额度余额或可于开市集合竞价时段完结前快速恢复至正数水平。届时，联交所将

---

① http：//www.gov.cn/flfg/2012 - 12/28/content_2305569. htm.

再次接受北向买盘订单。一旦北向交易每日额度余额于持续竞价时段或收盘集合竞价时段降至零或交易量超过余额，新的买盘便将被驳回。联交所将于下一交易日恢复北向买盘服务。

需要注意的是，已获接受的买盘订单不会因每日额度用尽而受影响，除非交易所参与者取消订单，否则将留在上交所或深交所的订单记录内。

每当中华证券通系统（中证通）收到及接纳买盘订单，沪股通每日额度余额就会减少，但更新后的每日额度余额只会根据发布时间表发布。当上交所或深交所向中证通发出取消买卖盘确认时，每日额度余额一般会增加。然而，由于上交所或深交所在交易日上午9时10分至9时15分这五分钟买卖盘输入时段尚未开市，每日额度余额不会因交易所参与者在该时段输入取消买卖盘指令而增加。

9. 防止恶意抢占额度的措施

为防止沪股通额度被滥用，联交所已设立买盘订单的动态价格检查。

买盘输入价与当前最佳竞价（如无当前最佳竞价，则为最新成交价；如无当前最佳竞价及最新成交价，则为前收市价）之比低于指定百分比的买盘订单将被中证通拒绝受理。在开市集合竞价时段，当前竞价将被用于开展价格检查（如无当前竞价，则为前收市价）。在收盘集合竞价时段，当前竞价将被用于开展价格检查（如无当前竞价，则为最新成交价）。动态价格检查将于整个交易日内被全面应用，即自开市集合竞价开始前的五分钟输入时段开始至上交所或深交所收市为止。联交所已将运行初期的动态价格检查标准定为3%。此百分比可按市况进行调整。

需要注意的是，沪股通或深股通并不接受修改订单。交易所参与者若要修改订单，必须先取消原有订单，再重新输入新订单。因取消订单而增加的额度，有可能立刻被其他交易所参与者占用。所以，这绝对不是"预留"额度的方法。更重要的是，交易所参与者绝对不能为了取得或"预留"额度而以虚假价格输入买盘订单，因为这种做法违反联交所的《交易所规则》，联交所有权向有关交易所参与者采取相关措施。因此，交易所参与者应提醒所有客户，不可因意图"预留"或"霸占"额度而输入买盘订单。

10. 沪港通、深港通与其他投资计划的区别

从各方面来看，互联互通机制有很大幅度的创新，与目前的合格境内机构投资者（QDII）、合格境外机构投资者（QFII）及人民币合格境外机构投资者（RQFII）计划有明显的区别，区别如下。

（1）在合资格投资者方面，沪港通及深港通允许上交所或深交所会员以及内地的机构投资者、符合若干资格条件的个人投资者进行南向交易，允许联交所的交易所参与者及其任何客户（并无限制）进行北向交易（除却深交所创业板股份及上交所科创板股份仅供机构专业投资者买卖）；相对而言，QDII、QFII及RQFII计划的对象为指定的机构投资者。

（2）可作投资的合资格产品方面，沪港通及深港通接纳若干上交所或深交所上市A股及ETF和港股，而QDII、QFII及RQFII等跨境投资计划允许的投资范围不同。

（3）在额度方面，沪港通及深港通设有应用于全体市场参与者的额度而无需分配给特定投资者；而QDII、QFII及RQFII计划设立的额度则需要分配给合格机构投资者。

（4）在跨境资金汇入、汇出和兑换方面，沪港通及深港通中的南向交易由香港结算及中国结算处理。相对而言，QDII、QFII及

RQFII 计划中的资金汇入、汇出和兑换需要由相关机构与其在岸及离岸托管人根据有关计划的运作程序自行安排。

沪港通及深港通与 QDII、QFII 或 RQFII 等其他计划并不互相排斥，而是与该等计划共存。

二　日常监控重点

交易所参与者及结算参与者参与沪港通及深港通将继续受香港市场的法律及规则监管及保障。同时，交易所参与者通过沪港通及深港通执行的跨境交易必须遵循中华通市场的业务规则。就此而言，联交所《交易所规则》以及香港结算的中央结算系统规则及运作程序规则已分别作出修订，以反映适用于沪港通及深港通跨境买卖的业务规则，交易所参与者及结算参与者必须遵守该等规则。

需要注意的是，投资者在中华通市场购入的股份交收前不得出售，即不允许回转交易。香港与海外投资者及交易所参与者透过沪港通及深港通买卖中华通证券亦需要遵循同样的规则。

联交所在交易所参与者层面对北向交易进行前端监控，确保交易所参与者并未进行回转交易。交易所参与者亦需要确保其客户并未进行中华通证券的回转交易。

1. 孖展①买卖

在符合相关条件时，中华通交易所参与者可进行中华通证券孖展买卖。以下安排适用于中华通交易所参与者在沪港通及深港通下进行的孖展买卖。

---

① 中文"孖展"一词源于香港，英文为 margin，也就是保证金之意。符合香港法例要求的银行和证券公司可以向投资者提供融资服务，而开设了"孖展账户"的投资者在进行证券交易时可以用相应的融资额度进行杠杆投资。

香港及海外投资者不能参与上交所及深交所在内地提供的融资融券服务，但根据上交所及深交所规定，中华通交易所参与者及透过中华通交易所参与者为客户买卖中华通证券的联交所登记交易所参与者（Trade-through 交易所参与者）可为客户提供证券孖展融资安排，经沪港通及深港通购入中华通证券。相关准则被纳入联交所的《交易所规则》。

目前，内地投资者仅可就合资格 A 股及 ETF［即按照现行上交所及深交所（基于实际情况）制度可进行融资融券的 A 股及 ETF］而在中华通市场进行孖展买卖。香港及海外投资者透过中华通交易所参与者及 Trade-through 交易所参与者经沪港通及深港通就中华通证券进行孖展买卖将受类似的限制。上交所不时更新可进行孖展买卖的证券名单，该名单登载于香港交易所网站。名单上只载列透过沪港通可同时买入及卖出的沪股通证券。同样的安排亦适用于透过深港通进行的深股通证券孖展买卖。

按上交所及深交所的相关规则，若有个别证券的孖展买卖在其市场上的交投超出上交所或深交所设定的上限，上交所及深交所可能会在其下属的市场上暂停该证券的孖展买卖活动，待孖展买卖交易量符合规定时，市场才可以重新接受孖展买卖。如联交所获上交所或深交所通知遭暂停及/或恢复孖展买卖的是可进行孖展买卖证券名单中的沪股通证券/深股通证券，联交所将透过香港交易所网站通知交易所参与者及投资者。该沪股通证券或深股通证券（基于实际情况）在香港的孖展买卖活动将相应地被暂停及/或恢复。

上交所及深交所各自均有权要求在传递至其系统的孖展买卖订单中特别标示该订单为孖展买卖订单，尽管此项规定在沪港通及深港通推出初期不会实施，而实施前联交所亦会事先通知中华通交易所参与者实施的时间，并给予其充足时间确保参与者做好必要的准备。

根据上交所及深交所有关孖展买卖的规定，当单只股票的融资监控指标达到25%时，上交所及深交所会暂停该个别合资格股票的孖展买卖。当监控指标跌至20%时，上交所或深交所会恢复孖展买卖①。另外，根据上交所及深交所有关孖展买卖的规定，当某一合资格进行孖展买卖的ETF的融资余额及信用账户担保物市值占其上市流通市值的比例均达到75%时，上交所及深交所各自会在其下属市场暂停该ETF的孖展买卖。待上述任何一个比例下降至70%时，上交所或深交所会恢复孖展买卖②。如上述说明，当上交所或深交所通知联交所后，联交所将跟随中华通市场上相关孖展买卖的暂停或恢复措施相应地暂停或恢复沪港通及深港通中合资格中华通证券的孖展买卖③。

2. 证券借贷

中华通证券的证券借贷可在以下情况下进行：（1）依据联交所《交易所规则》进行卖空：投资者借入中华通证券，再经中华通交易所参与者透过北向交易在相关中华通市场出售；（2）使中华通交易所参与者的客户能在未能及时将其持有的中华通证券转至相关中央结算系统股份账户以符合联交所《交易所规则》所载前端监控规定时，出售该等中华通证券。

---

① 上交所及深交所的网站公示融资监控指标已达25%指定限额的个别A股名单，参见 http://www.sse.com.cn/disclosure/magin/margin/ （上交所）；http://www.szse.cn/disclosure/margin/margin/index.html（深交所）。

② 交易所参与者可参考以下上交所及深交所规则：http://www.sse.com.cn/lawandrules/sselawsrules/trade/specific/margin/ （上交所）；http://www.szse.cn/lawrules/rule/trade/business/margin/index.html（深交所）。

③ 可参考以下网页：http://www.sse.com.cn/services/tradingservice/margin/（上交所）；http://www.szse.cn/marketServices/deal/finance/index.html（深交所）。

中华通证券的证券借贷将受上交所或深交所（基于实际情况）订定的规定限制（有关内容已纳入联交所的《交易所规则》），包括：（1）以卖空为目的的证券借贷协议不可超过一个历月；（2）以符合前端监控要求为目的的证券借贷协议不可超过一日（不可续期）；（3）证券贷方只限于上交所或深交所（基于实际情况）厘定的若干类别人士；（4）证券借贷活动需要向联交所提交报告。

供卖空用的证券借贷限于透过沪港通及深港通可同时买入及卖出的中华通证券，即不包括只可卖出的中华通证券。为符合前端监控要求而进行的证券借贷涵盖所有中华通证券，包括透过沪港通及深港通只可卖出的中华通证券。

以下人士可借出中华通证券：（1）中华通交易所参与者；（2）Trade-through 交易所参与者（即已向联交所登记透过中华通交易所参与者为本身客户户口买卖中华通证券的交易所参与者）①；（3）除（1）及（2）外，本身拥有或就本身户口持有中华通证券的交易所参与者（非登记交易所参与者）；及（4）合资格机构，包括：

（a）香港结算非投资者户口持有人的参与者；

（b）根据《证券及期货条例》持牌或注册可进行第 9 类（资产管理）受规管活动的人士管理的任何基金、单位信托或集体投资计划（详情请参照香港证监会网站）；

（c）上交所或深交所（基于实际情况）接纳或指定的任何其他人士。

中华通交易所参与者及 Trade-through 交易所参与者可为投资者客户提供证券借贷。非登记交易所参与者及合资格机构只能向

---

① 根据联交所《交易所规则》第 14A16（18）条及当时草拟中的第 14B16（18）条，第 14A16 条及草拟中的第 14B16（18）条中凡提及"中华通交易所参与者"之处均应诠释为包括 Trade-through 交易所参与者。

中华通交易所参与者及 Trade-through 交易所参与者提供证券借贷。

中华通交易所参与者或 Trade-through 交易所参与者借出的中华通证券，必须为其以当事人身份持有或拥有的证券，或自其他中华通交易所参与者、Trade-through 交易所参与者、非登记交易所参与者或合资格机构（在各情况下以当事人身份借出）借入的证券。非登记交易所参与者或合资格机构借出的中华通证券必须为其以当事人身份持有或拥有的证券。

中华通交易所参与者及 Trade-through 交易所参与者必须以指定表格样式向联交所提供承诺或确认（视其为证券贷方还是证券借方而定），必须向联交所每月提交报告并存档，以指定表格样式详列其有关中华通证券的证券借贷活动，相关资料包括股票名称、借方名称、贷方名称、借入或贷出证券数量、未归还证券数量、借入或归还日期等。表格载于香港交易所网站，中华通交易所参与者及 Trade-through 交易所参与者必须遵从联交所指定的提交程序及方式。

非登记交易所参与者及合资格机构向中华通交易所参与者及 Trade-through 交易所参与者借出证券，必须以指定表格样式向借方提供承诺，（其中包括）确认本身从事证券借贷活动并不受限。

3. 中华通证券卖空交易安排

北向交易禁止作无担保卖空，中华通证券作有担保卖空必须符合以下要求。

第一，只有合资格的中华通证券才可作有担保卖空（卖空证券）。合资格可卖空沪股通证券名单会参照上交所融券卖出目标证券名单（不包括只限卖出的沪股通证券）制定，并在香港交易所网站公布。合资格可卖空深股通证券名单会参照深交所融券卖出目标证券名单（不包括只限卖出的深股通证券）制定，并在香港交易所网站公布。

第二，中华通交易所参与者可以于每个中证通交易日在上交所及深交所的开市集合竞价时段、连续竞价时段以及收盘集合竞价时段输入卖空盘。

第三，中华通交易所参与者必须在交易系统标示卖空盘。

第四，卖空盘必须为 100 股或其倍数。对于科创板股份，卖空盘必须为 1 股或其倍数且不少于 200 股。卖空时，余额不足 200 股的部分应一次性申报卖出。

第五，卖空盘须遵守以下价格限制：（1）卖空盘的输入价不得低于相关卖空证券的最新成交价（如当日无最新成交价，则取前收市价）；（2）按上交所及深交所各自的要求，就相关中华通市场而言，若因卖空而借入的卖空证券股份尚未交还，中华通交易所参与者及其有关客户对该卖空证券的卖出指示，必须遵守上述（1）的价格限制（超出未归还股份数量的出售指示除外）；（3）联交所可设置附加的价格限制以阻止卖空盘价格虚高，卖空比例限额（详见以下第六点）被人为耗尽。此额外价格限制现时不会实施。

第六，每一个卖空证券都有卖空数量限制（即卖空比例限额），并按香港结算在中国结算综合账户内该证券的持股量（即每个中证通交易日开市前所有沪股通及深股通投资者持有该卖空证券的股数）计算：（1）每日卖空比例限额：1%；（2）累计卖空比例限额：任何 10 个连续中证通交易日为 5%。每日和累计卖空比例限额将以四舍五入的方式保留两位小数。任何卖空盘如执行后会导致卖空证券超过每日卖空比例限额或累计卖空比例限额，都将会被拒绝。累计卖空比例限额将在每个中证通交易日结束后进行计算。

第七，卖空活动的强制申报要求如下：（1）担保卖空每周报告，此为每一个卖空证券卖空活动都要提交的每周报告。中华通交易所参与者在以下情况下必须递交报告：为本身账户或其客户进行过任何卖空活动、周内就未平仓淡仓向借股人归还证券或截至周末尚有淡仓结余。中华通交易所参与者必须于下一星期的第一个工作日或之前通过电子通信平台（e通信）递交填妥的报告。（2）大额未平仓报告。在每星期最后一个中证通交易日收市后，中华通交易所参与者及透过中华通交易所参与者买卖之交易所参与者为自身或其客户持有的未平仓卖空证券数量，若等同或超过下述任何一项界限：（a）人民币2500万元；（b）有关的卖空证券的已发行股份总数的万分之二，则必须申报。

第八，前端监控规定适用于卖空盘。因此，在个别中证通交易日进行卖空而借入的证券必须于该中证通交易日开始前存于卖出证券的中华通交易所参与者的中央结算系统账户或投资者的特别独立户口内。不符合前端监控规定的卖空盘将被拒绝。

需要特别注意的是，目前ETF不允许透过北向交易进行卖空①。

中华通交易所参与者为了按照联交所《交易所规则》标示卖空盘，应在系统输入卖盘之前，与其客户确认该卖盘是否为卖空盘。又或中华通交易所参与者应有适当安排要求其客户在输入卖盘时通知中华通交易所参与者该卖盘为卖空盘。在这方面，中华通交易所参与者应建立有效的程序和妥善保存记录，并可能需要随时配合监管要求将程序和记录提交联交所。如果向客户借出证券的借股人并非执行该卖空交易的中华通交易所参与者（即客户设有账户的另一中华通交易所参与者），执行交易的中华通交易所参与者必须要求其客户通知是否已归还股份，以遵守有关未平仓淡仓的申报

---

① http://www.szse.cn/disclosure/notice/general/t20220624_594242.html；http://www.sse.com.cn/lawandrules/sselawrules/global/hkexsc/c/c_20220624_5704516.shtml.

规定。

4. 中华通证券卖空价格限制

为确保符合卖空价格规则，所有卖空盘的输入价格均会与相关卖空证券的最新成交价进行比较（如果没有最新成交价则与前收盘价进行比较）。若输入价格比上述价格低，则该卖空盘将被拒绝。若有为卖空而借入的卖空证券股份尚未平仓及归还给相关证券借出人，就该卖空证券的任何卖出指示而言，中华通交易所参与者及其相关的客户必须遵守上述卖空价规则（超过尚未平仓及归还证券数目的指示除外）。

例1：拥有20万股卖空证券的客户通过一名中华通交易所参与者借入100万股作卖空，并已卖空其中70万股。该客户没有把借入的股票归还中华通交易所参与者。随后，该客户想卖出本身拥有的20万股。在这种情况下，那20万股的卖盘仍需要遵守卖空价规则，而虽然卖盘并非卖空交易，客户及该中华通交易所参与者仍需要确保卖盘价格不违反卖空价规则。

例2：例1之外，如果客户已全部卖空借入的100万股，但没有将借入股票归还中华通交易所参与者，如果他之后想卖出本身拥有的20万股，在这种情况下，那20万股的卖盘将不需要遵守卖空价规则，而该卖盘亦非卖空盘。

需要注意的是，只有直接在中证通输入卖空盘（并执行卖空盘）的中华通交易所参与者需要递交担保卖空每周报告。为避免争议，此类要求不会影响证券借贷每月报告。中华通交易所参与者及透过中华通交易所参与者买卖之交易所参与者为自身或其客户持有卖空证券的未平仓淡仓超过联交所设立的限制时，必须提交大额未平仓淡仓报告。

5. 卖空证券的已发行股票总数或基金规模

有关上交所卖空证券的已发行股票总数可浏览上交所网站。

例如，上海浦东发展银行（股票代号：600000）已发行股票总数载于：http：//www. sse. com. cn/assortment/stock/list/info/capital/index. shtml？ COMPANY_CODE =600000。

有关深交所卖空证券的已发行股票总数可浏览深交所网站。例如，平安银行股份有限公司（股票代号：000001）已发行股票总数载于：http：//webapi. cninfo. com. cn/#/company？ companyid =000732 中的"财务报表"下。

已发行股份总数和上交所上市 ETF 的基金规模可在上交所网站进行查看。例如，华夏上证 50 ETF（基金代码：510050）的基金规模载于：http：//www. sse. com. cn/assortment/fund/list/etfinfo/scale/index. shtml？ FUNDID =510050。

深交所上市 ETF 的基金规模可在深交所网站进行查看。例如，华夏恒生指数 ETF（证券代码：159920）的基金规模载于：http：//www. szse. cn/market/product/list/all/index. html。

6. 上交所及深交所可暂停或恢复个别 A 股卖空活动的预设界限

现在，当个别 A 股的未平仓淡仓达到该证券上市可流通量的 25% 时，上交所及深交所可暂停在其市场上市的有关 A 股的卖空活动，在未平仓淡仓占比回落至 20% 时，方可恢复其卖空活动。上交所及深交所会在各自网站发布已达到指定界限的 A 股名单：http：//www. sse. com. cn/disclosure/magin/margin/（上交所市场），http：//www. szse. cn/disclosure/margin/margin/index. html（深交所市场）。当联交所收到上交所或深交所通知，在上交所市场或深交所市场（基于实际情况）上的暂停及/或恢复交易事件涉及卖空证券时，有关信息会在香港交易所网站公布，而北向交易有关卖空证券的卖空活动将相应暂停及/或恢复。中华通交易所参与者应在上午 9 时查看香港交易所网站以取得最新的合资格可卖空沪股通股票名单及合资格可卖空深股通股票名单。想要进一步了解个别 A 股未平仓淡仓情况的交易所参与者可浏览上交所网站①及深交所网站②。

如个别 A 股被剔出上交所及深交所管理的可卖空证券名单，上交所及深交所将会通知联交所。卖空该 A 股的活动将于内地及香港市场停止。此情况将不影响为卖空而已实施的相关股票借贷协议，交易所参与者及投资者不需要实时终止有关协议。但合资格的股票贷方及借方在参与 A 股卖空活动前应先考虑此暂停机制对他们所设立的商业约定或相关安排（包括有关股票借贷协议）的潜在影响。

7. 场外转移

中国证监会有关沪港通的若干规定第十一条指出，沪股通证券的转移只可在上交所进行，除非另获批准，否则不可进行场外交易。但为便利市场人士进行沪股通及一般业务营运，以下类别的沪股通证券场外或"非交易"转移将被允许进行（详情可参阅上交所沪港通试点办法第二十九条）：

（1）证券借贷以进行卖空（为期不超过一个历月）；

（2）证券借贷以符合前端监控规定（为期一日及不可续期）；

（3）交易所参与者与客户之间的转移以修正错误交易；

（4）基金经理就其管理的基金或附属基金综合账户进行中华通证券交易后，将中华通证券分配到不同账户的基金或附属基金；

（5）上交所及中国结算指明的其他情况。

相同的非交易转移限制及例外适用于深港通。关于（3），对

---

① http：//www.sse.com.cn/services/tradingservice/margin.

② http：//www.szse.cn/marketServices/deal/finance/index.html.

沪股通证券进行非交易转移以修正错误交易的交易所参与者需要向联交所提供错误交易报告连同证明文件，阐明所出现的错误及非交易转移详情。倘联交所认为个别交易所参与者滥用安排，联交所有权不允许该交易所参与者就修正错误交易作进一步的非交易转移。联交所或会向香港证监会及上交所提供错误交易报告及相关数据。交易所参与者不得滥用此安排以进行内地相关规例不允许的场外交易或转移。关于（5），中国结算在沪港通相关实施细则第九条订明，非交易转移可在以下情况下进行，包括但不限于：继承；离异；公司或法团解散、清盘或结束营业；向慈善团体捐赠；协助任何法院、检控官或执法机关采取执法程序或行动；及上交所允许的任何其他转移。

有关向投资者收取有关上述沪股通股票非交易过户的印花税的详细安排，已载于中央结算系统运作程序规则（沪港通的上述安排亦适用于深港通）①。

8. 境外持股量超过30%的强制出售安排

倘因沪港通或深港通而导致合计沪股通股票或深股通股票的境外持股量超出限额（当前为30%），上交所或深交所将通知联交所于五个交易日内必须出售的股份数目。按照"后进先出"的准则，联交所将识别出所涉及的相关交易，并要求相关交易所参与者辨别所涉及的客户并于联交所指定时限内出售股份。倘相关投资者并未于指定时限内出售股份，交易所参与者必须根据联交所《交易所规则》强制出售有关投资者的股份。交易所参与者宜在与客户签订的协议中加入条文，订明其有权在有需要时执行此强制出售安排。必须注意的是，相关内地规例亦订明，如在五日强制

---

① http://www.hkex.com.hk/chi/rulesreg/clearrules/ccassop/documents/sectn12.pdf.

出售期内相关 A 股的合计境外持股比例跌至 30% 以下，则需要执行强制出售安排的境外投资者可申请豁免。在此情况下，交易所参与者可代表投资者客户向联交所申请继续持有其沪股通及深股通股票。

在个别情况下，需要执行强制出售安排的交易所参与者于收到联交所的强制出售通知前，可能已应客户要求将所涉股份转移给另一中央结算系统参与者。根据《中央结算系统一般规则》第4110 条，如投资者在五日后仍未根据强制出售通知卖出有关股票，有关中央结算系统参与者需要将所涉沪股通股票退回相关交易所参与者。此安排亦适用于深港通。

9. 客户协议

对于拟参加沪股通交易的客户，交易所参与者应检视相关客户协议，以确保其涵盖沪股通股票交易所涉的风险。涵盖沪股通股票交易所涉风险的客户协议理应包括（其中包括）以下各项：

（1）不容许回转交易；

（2）设有前端监控：如果客户计划于个别交易日出售股份，必须于该交易日开市前将股份转移至交易所参与者的相应中央结算系统户口，除非设有特别独立户口安排；

（3）所有交易必须在上交所进行，不设场外交易或非自动对盘交易；

（4）不得进行无备兑卖空活动；

（5）实施境外持股量限制（包括强制出售安排）：交易所参与者有权于接获联交所的强制出售通知时"强制出售"客户股份；

（6）客户应完全了解并遵守内地有关短线交易利润及披露责任的法规；

（7）交易所参与者有权于紧急情况（如香港悬挂八号台风讯

号）下取消客户订单；

（8）在紧急情况（例如联交所失去与上交所的所有联络渠道等）下，交易所参与者或未能发出客户的取消买卖盘指令，在该等情况下，如订单已经配对及执行，客户需要承担交收责任。

（9）客户需要遵守上交所规则及沪股通交易适用的中国内地有关法律；

（10）交易所参与者将向联交所转发客户身份数据，联交所可能继而转发给上交所以作监察及调查之用；

（11）倘有违反上交所规则，或上交所的上市规则，或上交所规则所述的披露及其他责任的情况，上交所有权进行调查，并可能透过联交所要求交易所参与者提供相关资料及材料以协助调查；

（12）联交所或会应上交所要求，要求交易所参与者拒绝处理客户订单；

（13）客户需要接纳沪股通所涉及的风险，包括但不限于对违反上交所上市规则、上交所规则及其他适用法律及规例负责或承担法律责任；

（14）上交所或会要求联交所使其参与者向客户发出口头或书面警告，以及不向客户提供沪股通交易服务；

（15）交易所参与者及其客户或任何第三方若因为沪股通交易或中证通而直接或间接蒙受任何损失或损害，香港交易所、联交所、联交所子公司、上交所及上交所子公司以及其各自的董事、雇员、代理人概不负责。

相同的条文已延伸至深港通。由于可买卖深交所创业板股票及上交所科创板股票的仅限机构专业投资者，交易所参与者的客户协议中必须有足够条文涵盖深交所创业板股票及上交所科创板股票的买卖（包括所涉及的风险）。投资者应咨询自身的经纪参与沪港通及深港通的具体安排，包括除为买卖港股签署一份协议及开立一个户口外，买卖中华通证券（包括 A 股及 ETF）是否必须签署另一份协议及开立另一个户口。

三　证券买卖操作

1. 交易设备和交易时间

联交所已建立一个买卖盘订单传递系统（中证通），统一将交易所参与者的沪股通及深股通交易订单传递至沪深两所。有意参与沪港通及深港通的交易所参与者必须申请中华通中央交易网关（CCCG）。有意同时参与沪港通及深港通的交易所参与者可使用同一 CCCG。

香港及海外投资者买卖沪股通证券（北向交易）必须按上交所的交易时间进行、买卖深股通证券（北向交易）必须按深交所的交易时间进行。

联交所将于上交所各交易时段开始前五分钟接纳交易所参与者的北向订单。因此，交易所参与者可在上午 9 时 10 分至上午 11 时 30 分及中午 12 时 55 分至下午 3 时之间输入北向订单。但需留意的是，上交所只会在其交易时间内处理订单。

联交所将于深交所各交易时段开始前五分钟接纳交易所参与者的北向订单。因此，交易所参与者可在上午 9 时 10 分至上午 11 时 30 分及中午 12 时 55 分至下午 3 时之间输入北向订单。但需留意的是，深交所只会在其交易时间内处理订单。

2. 买卖 A 股与 ETF 的北向交易特别安排

大部分交易安排（例如买卖单位、可接纳的买卖盘类型、数量限制）以及有关取消买卖盘、修改买卖盘、券商客户编码编派、卖空及前端监控的安排，都跟从沪深港通下 A 股北向交易的相关做法。部分适用于 ETF 的北向交易特别安排如下。

ETF 价位：人民币 0.001 元（A 股价位：人民币 0.01 元）。

每日价格限制：前收市价 ±10%；就上交所及深交所指定的部分 ETF 而言为 ±20%；上交所主板及深交所主板：±10%（ST 股票及 * ST 股票：±5%）；上交所科创板及深交所创业板：所有股票均为 ±20%。

上交所或深交所的动态价格限制将不适用（上交所科创板股票及深交所创业板股票：设有 ±2% 的动态价格限制）。

上交所上市 ETF 并无收盘集合竞价时段。

ETF 所适用的费用及税费不同。

需要注意的是，交易所参与者经沪港通或深港通买卖沪股通或深股通证券，全日都只接受限价订单。

交易所参与者应留意，上交所或深交所的限价订单与联交所的限价盘不同。联交所的限价盘仅可在指定价格上对盘，而上交所或深交所的限价订单可在指定价格或更优价格上进行撮合。撮合后未能配对的订单留在指定价格的轮候队伍内。

另外，交易所参与者不可经沪港通或深港通输入非自动对盘交易。

3. 联交所"24 个价位规则"及"九倍限制规则"是否同样适用

当前对联交所上市证券买卖盘报价所实行的"24 个价位规则"及"九倍限制规则"不适用于沪股通股票、深股通股票及 ETF 的买卖盘。

但是，在上交所或深交所买卖的 A 股和 ETF 的价格仍受其前一个收盘价的限制，包括正常情况下上交所或深交所主板及深交所中小板股票的股价不超过前一日收市价的 ±10%（深交所创业板股票及上交所科创板股票则为 ±20%），而上交所或深交所主板及深交所中小板的 ST 及 * ST 股票的价格限制为前一日收市价的 ±5%（深交所创业板股票及上交所科创板股票则为 ±20%）。

在上交所或深交所进行交易的 ETF 的价格将受其前一个收盘价的限制，包括于上交所或深交所买卖的 ETF 的 ±10% 价格限制（就上交所①或深交所②指定的部分 ETF 而言为 ±20%）。

沪股通或深股通遵循相同的规则。

联交所会对合资格 A 股及 ETF 买盘实行动态价格检查。对于在上交所及深交所进入退市整理期时交易的退市整理证券及重新上市的证券，在首个交易日不设价格涨跌幅度限制；当日股票竞价交易出现上交所或深交所规则规定的情形时，上交所或深交所可对其实施盘中临时停牌措施。

4. 午饭期间取消证券订单

在上交所市场开市期间（除了上午 9 点 20 分至上午 9 点 25 分③及下午 2 点 57 分至下午 3 点期间④），交易所参与者可随时输入要求取消其未获处理的沪股通证券订单。交易所参与者亦可在上交所各交易时段开始前 5 分钟输入取消订单的请求，但该等取消请求只会于上交所开市时方被提交。

在深交所市场开市期间（除了上午 9 点 20 分至上午 9 点 25 分及下午 2 点 57 分至下午 3 点期间），交易所参与者可随时输入要求取消其未获处理的深股通证券订单。交易所参与者亦可在深交所各交易时段开始前 5 分钟输入取消订单的请求，但该等取消请求只会于深交所开市时方被提交。

---

① http://www.sse.com.cn/assortment/fund/list/.
② http://fund.szse.cn/marketdata/range/index.html.
③ 适用于 A 股和 ETF。
④ 仅适用于 A 股。

必须注意的是，沪港通及深港通不支持订单修改。拟修改沪股通或深股通证券订单的交易所参与者应当取消未处理的订单并重新输入新的订单。

5. 交易货币和交易时段

当前所有沪股通或深股通证券均以人民币交易，即投资者买卖沪股通或深股通证券将以人民币进行交易及交收。香港结算当前提供的"人证港币交易通"（为投资者使用港元购买联交所上市的人民币计值证券而设的备用设施）不适用于北向交易。交易所参与者应确保自身及其客户有足够的人民币进行北向交易的交收。

交易订单只于交易日结束前有效。交易所参与者如有需要应在下一个交易日输入新订单。如上交所或深交所市场开放当天香港市场只有半日市，北向交易会继续开放直至上交所或深交所收市。

那么，在T＋2日发出成交单据的规定是否适用于交易所参与者为其香港客户执行的沪股通或深股通交易？根据一般的理解，当中介人与其客户或代其客户签订"有关合约"［定义见《证券及期货（成交单据、户口结单及收据）规则》第2条］时，中介人应制备成交单据，并在订立该有关合约后第二个营业日终结前，向该客户提供该成交单据。成交单据包括处理证券的合约，不论该等证券为本地证券还是海外证券。

6. 成交单据上的股份代号格式

《证券及期货（成交单据、户口结单及收据）规则》第5（3）（c）（i）条订明，成交单据必须载有"有关合约的全部详情"，包括涉及的证券、期货合约或杠杆式外汇交易合约的数量、名称、描述及足以识辨该等证券或合约的其他详情。该规则适用于持牌法团自身或代表其客户于任何交易所（包括联交所或其他海外交易所）执行的所有相关合约。该规则并未订明经纪行必须设定上交所或深交所或中央结算系统股份代号（上交所及深交所使用的6位数字或中央结算系统使用的5位数字）。该项规定的重点是经纪行必须使合约单据载有足以让客户识辨该等证券的全部详情。

7. 市场识别编码

SWIFT已经发布几乎所有沪港通及深港通的市场识别编码（Market Identifier Codes，MIC）。深港通北向交易的MIC是XSEC，南向交易的MIC是SZSC①。香港交易所网站载有沪港通及深港通的北向交易日志，并于每个年度之初进行更新。

8. 碎股交易限制

北向交易允许交易所参与者输入碎股卖盘，但不接纳碎股买盘。此外，输入碎股卖盘的投资者（或最终实益拥有人）必须确保其沪股通或深股通证券的所有碎股都以单一卖盘出售。譬如，假设投资者股票户口中的若干沪股通或深股通股票有107股股份，交易所参与者只可输入7股或107股的卖盘。

9. 北向交易规定的备存记录期间

为遵守中国内地的适用法律及上交所和深交所的规定，交易所参与者需要备存其所输入或执行的买卖盘及交易的账目及记录和相关客户指示及数据（包括电话记录）20年及以上。

10. 无意登记中华通交易所参与者

登记成为联交所中华通交易所参与者的交易所参与者可直接在中证通输入买卖盘并将买卖盘传递至上交所或深交所的交易系统执行交易。中华通交易所参与者可根据其业务需求买卖沪股通或深股通证券。

---

① 详情参阅 http://www.iso15022.org/MIC/homepageMIC.htm。

　　无意登记成为中华通交易所参与者但拟向其客户提供买卖沪股通或深股通证券服务的交易所参与者，可透过中华通交易所参与者提供此项服务。作为 Trade-through 交易所参与者，该等交易所参与者必须向联交所作出其已做好准备参与北向交易的声明，其中包括其后台系统已具备前端监控的能力，已修订客户协议以进行北向交易，并已设立适当的安排确保其客户了解投资沪股通或深股通证券的风险等。该等 Trade-through 交易所参与者必须遵守联交所有关北向交易的规则安排，犹如他们是中华通交易所参与者。联交所现已将该等交易所参与者的名单登载于香港交易所网站。

四　前端监控机制

1. 前端监控的定义

　　内地投资者只可出售前一日（T－1日）终结时其中国结算户口所持有的沪/深证券。该等持股资料于每日终结时会转发至上交所及深交所。按照 T－1 日终结时的持股量，若投资者户口并无足够股份，上交所及深交所将拒绝相关卖盘订单。

　　上交所及深交所对联交所子公司的卖盘也进行同样的前端监控。沪港通及深港通下，香港及海外投资者购入的沪股通或深股通证券由香港结算在中国结算的综合股票户口持有。因此，上交所及深交所每个交易日都会按照香港结算的户口在 T－1 日终结时的结余，核实相关联交所子公司的沪股通或深股通证券卖盘。

　　为实施前端监控机制，在买卖沪股通及深股通证券时有权益的交易所参与者必须本身为结算参与者（即自身持有证券的直接结算参与者），或委任一名中央结算系统的全面结算参与者在指定分户口中存放其所有沪股通及深股通证券，并代其（此情况下该名交易所参与者为非中华通结算参与者）结算其北向交易。香港结算将在开市前复制中央结算系统持股记录并发送给中证通作前端监控。

2. 超沽沪股通及深股通股票

与现行买卖香港证券的安排相似，交易所参与者负责设立适当的风险管理措施，确保遵守相关规则，其中包括交易所参与者可能需要对其系统及/或运作程序作出修订，确保在下单前一天其客户户口内有足够的股份。如错误超沽或准许超沽客户的沪股通或深股通证券，交易所参与者必须进行补购、缴交罚款及采取其他风险管理措施。

3. 对有关中华通证券的买卖盘进行前端监控

中央结算系统中有不同类别的股票户口供各结算参与者使用，结算参与者可将中华通证券存放于不同的中央结算系统股票户口。就本身亦是结算参与者的交易所参与者（即直接结算参与者）而言，在进行前端监控时，其中央结算系统股票户口（用作抵押品记录及管理的股份户口除外）中的所有中华通证券均应计算在内。就本身是非中华通结算参与者的交易所参与者而言，前端监控所核对的将是其全面结算参与者在中央结算系统指定给该非中华通结算参与者的股份独立户口中的中华通证券结余。

为使投资者出售存放在托管商中的中华通证券时不需要预先把沪股通及深股通证券从托管商交付给经纪，联交所于2015年3月30日引入特别独立户口（SPSA）模式。在此模式下，若投资者的中华通证券存放在托管商（包括托管商参与者及非交易所参与者之全面结算参与者）中，投资者可要求其托管商在中央结算系统开立SPSA以存放其中华通证券。中央结算系统会为每个SPSA分配一个投资者识别编号。投资者可以向最多20名交易所参与者授权为其执行中华通证券卖盘指令时使用其投资者识别编号。即使 SPSA 可同时存有两个中华通市场的证券，每个 SPSA 也只可有一个系列的指定交易所参与者。

中央结算系统会把托管商名下 SPSA 内的中华通证券持股量复制到中证通进行前端监控。当受托的交易所参与者为其客户输入卖出指令时必须同时输入该投资者的识别编号。卖出指令被传送至相关中华通市场前，中证通会检查该交易所参与者是否受托经纪及该投资者是否有足够的持股量。通过检查的卖盘会被接受，否则会被拒绝。在这种模式下，投资者于交易达成后才需把有关中华通证券从 SPSA 转移至指定的经纪户口，而不需要在下单前进行。

在深港通推出后，联交所优化了 SPSA 模式，允许买盘自行选择是否输入投资者识别编号，但也只是供交易所参与者参考，SP-SA 中的客户持股量不会实时更新。

那么，是否所有拟参与沪港通及深港通的交易所参与者均需在联交所备有中央结算系统户口以执行前端监控？属非中华通结算参与者的交易所参与者是否无法参与沪港通及深港通？如前所述，交易所参与者（不论是否为结算参与者）也可参与沪港通及深港通，方式是委任一名在相关中华通市场中已登记的全面结算参与者代其结算及交收其沪股通及/或深股通证券的交易。该名获委任的全面结算参与者可同时或不为该非结算参与者结算及交收其港股交易者。但每名非中华通结算参与者只能委任一名全面结算参与者结算及交收其沪股通及深股通证券。该全面结算参与者必须至少开立一个指定分户口（附寄结单服务的股份独立户口）以持有非中华通结算参与者的沪股通及深股通证券。非中华通结算参与者及全面结算参与者必须分别通知联交所及香港结算其相关前端监控安排。

在实践操作中，若有基金经理指示中华通交易所参与者，于同一交易日透过在一名或超过一名托管商参与者开立的两个独立"特别独立户口"为其管理的基金或子基金中出售证券，在交易执行后，基金经理可否决定从每个特别独立户口使用多少股份/单位进行交收而不管各个特别独立户口实际出售的股份数目/单位？

举例，基金经理指示中华通交易所参与者 A 分别在特别独立户口 1 及特别独立户口 2（两个户口均为其所管理及在托管商参与者 P 开立）输入卖出 10000 股股份 X 的指令。特别独立户口 1 的10000 股卖盘全数执行，但特别独立户口 2 的卖盘仅执行了 2000股。基金经理希望将所出售股份平均分配至特别独立户口 1 及特别独立户口 2，遂指示托管商参与者 P 分别从特别独立户口 1 及特别独立户口 2 各自提取 6000 股过户至中华通交易所参与者 A 的中央结算系统户口进行交收。中华通交易所参与者 A 或其负责交收该12000 股股份 X 的中华通结算参与者可否接纳从特别独立户口 1 及特别独立户口 2 分别交付 6000 股，而非从特别独立户口 1 交付10000 股及从特别独立户口 2 交付 2000 股？

由中华通交易所参与者执行的特别独立户口买卖盘，所出售的相关股份数量/单位一般与中华通交易所参与者向 CSC 提交卖盘时输入的投资者识别编号相联系，从附有该编号的特别独立户口交付。此乃联交所《交易所规则》第 14A06（2A）（a）（iii）、14A06（2A）（b）及 14A06（10）条定下的前提，贯彻的是防止挪用客户资产的总则（即属于一名客户的资产不得用于结算另一客户的交易）。因此，在上述例子中，一般情况下应于 T 日从特别独立户口 1 提取 10000 股及从特别独立户口 2 提取 2000 股过户至中华通交易所参与者 A 的中央结算系统户口以进行交收。

然而，值得注意的是，如中华通交易所参与者的客户为使用两个或两个以上特别独立户口（不论是由一名还是超过一名托管商参与者开立）管理基金或子基金的基金经理，该基金经理可能希望将独立的特别独立户口买卖盘作为单一综合卖盘进行处理，使每个特别独立户口买卖盘实际上是为所有相关特别独立户口（而非个别买卖盘所识别的特别独立户口）而进行的，因此，基金经理客户会想透过在涉及的特别独立户口中分配股份，按相关比例交收成交买卖盘。只要基金经理客户有合适权限整合相关基金及子基金的买卖盘，而当中做法亦为适用的规则及规例（例如香港证监会的《基金经理操守准则》）所允许，则联交所无意阻止有关做法。

因此，如中华通交易所参与者获悉其将按如上所述为基金经理客户处理特别独立户口买卖盘，其应与基金经理客户作事前安排，确认：（1）基金经理客户有权在相关特别独立户口之间整合特别独立户口买卖盘，并有权决定将交易适当分配至该等特别独立户口内的基金或子基金；（2）如此行事符合适用的法律、规则及规例，不涉及挪用客户资产。中华通交易所参与者应根据规则妥善保管上述确认及各个相关客户的指示。

在上述例子中，如中华通交易所参与者 A 在接纳特别独立户口 1 及特别独立户口 2 的买卖盘前已取得相关确认，即使交收时是分别从两个特别独立户口各自提取 6000 股，联交所一般也不以中华通交易所参与者 A 违反联交所《交易所规则》第 14A06（2A）（a）（iii）、14A06（2A）（b）及 14A06（10）条而对其采取执法行动。为确认合法性与合规性，联交所有权要求中华通交易所参与者提供联交所《交易所规则》所要求的客户确认及其他相关数据。

4. 错误输入投资者识别编号的处理

案例及问题：如中华通交易所参与者在卖盘中错误输入客户的投资者识别编号，以致该出售事务历史记录在另一客户的特别独立户口，但有关错误于股份在 T 日交收前被发现，那可否从正确的特别独立户口中向负责的中华通结算参与者过户股份以进行交收？

举例，中华通交易所参与者 X 代表客户 B 输入 10000 股 Y 股卖盘时错误输入了客户 A 的投资者识别编号，因此，前端监控所用的是客户 A 的特别独立户口，交易执行后亦是记录在客户 A 的特别独立户口上。如中华通交易所参与者 X 于 T 日交收股票前发现错误，可否要求客户 B 的托管商参与者将正确股数从客户 B 的特别独立户口过户至其中央结算系统户口（如中华通交易所参与者 X 为负责的结算参与者），或过户至相关中华通结算参与者的中央结算系统户口（如中华通交易所参与者 X 并不负责结算该交易）？

就上述问题而言，中华通交易所参与者必须留意以下几方面。

（1）中华通交易所参与者必须以提交默认表格形式向联交所汇报任何有关中华通证券之错误交易。

（2）如中华通交易所参与者为修正错误交易而在其与客户之间进行非交易过户，亦需要根据联交所《交易所规则》第 14A12（3）条向联交所提交将要进行的非交易过户的详情。

（3）中华通交易所参与者亦需要留意联交所《交易所规则》第 14A06（2A）（a）（iii）、14A06（2A）（b）及 14A06（10）条的原则。

（4）为客户输入特别独立户口买卖盘的中华通交易所参与者应事先与其特别独立户口客户订立安排，以处理万一中华通交易所参与者错误输入特别独立户口买卖盘的情况，包括上述例子中的错误。

如发生类似上述例子中的错误，相关中华通交易所参与者必须向联交所汇报错误，提交申报错误事务数据（与特别独立户口有关的中华通证券专用）、特别独立户口错误申报表格，提供客户详情及所涉股份、已采取或将采取的修正行动及联交所可能要求的其他数据。如修正错误交易时涉及非交易过户，中华通交易所参与者必须向联交所提交特别独立户口错误申报表格，并向联交所提交联交所《交易所规则》第14A12（3）条所规定的数据。在所述例子中，要从客户 B 的特别独立户口转让股份至相关中华通交易所参与者/中华通结算参与者户口进行交收，中华通交易所参与者必须于 T 日交收股票前通知联交所有关错误并尽快提交特别独立户口错误申报表格及相关数据。

造成错误的中华通交易所参与者有责任确保已采取或将采取修正错误的行动（包括修改中华通交易所参与者记录上的错误以符合其客户原本指示）符合其事先与特别独立户口客户订立的安排以及遵守适用的法律、规则及规例（包括香港证监会的操守准则）。就联交所及香港结算而言，中华通交易所参与者与其特别独立户口客户就修正错误交易而进行的过户（如有需要）不受联交所《交易所规则》第14A12（2）（b）条及《中央结算系统一般规则》第4110（iii）（c）条的禁限。

除上述事宜外，如中华通交易所参与者拟采取行动修正错误而使用正确的客户股份①履行出售交易的交收责任，中华通交易所参与者在采取任何修正错误的行动前需要注意以下几方面。

（1）在可行情况下尽快正式通知涉及人士〔包括但不限于受

---

① 例子中客户 B 的股份。

影响客户①及其各自的托管商及负责的中华通结算参与者（如中华通交易所参与者并不负责结算该交易）〕有关的错误，并就其建议的修正记录方案及其他修正错误行动取得协议。

（2）通知联交所有关错误并尽快提交特别独立户口错误申报表格及提供错误详情②；及确保使用正确的客户股份履行交收责任乃符合正确客户原本出售相关股份的指示，而不涉及挪用客户资产③。

（3）中华通交易所参与者应根据联交所《交易所规则》第14A13条妥善保存上述行动及相关指示、协议、表格、报告及确认的记录。

应注意的是，如中华通交易所参与者没有采取上述行动，中华通交易所参与者或负责的中华通结算参与者（视情况而定）很可能在相关股份中出现持续净额交收的逾期未交收股份数额，以致交收指示的交付未能执行。届时香港结算将于 T + 1 日进行补购（获香港结算批准豁免补购者除外）。

中华通交易所参与者亦需要注意，联交所会严正处理交易错误及违规个案，每有申报错误均会予以个别检视及跟进。联交所的跟进行动包括作进一步查询、开展调查、向证监会及内地监管机构及/或相关交易所申报事宜、发出警告信等。

5. 境外持股限制

根据内地法规，单一境外投资者对一家上市公司的持股（不

---

① 例子中的客户 A 及客户 B。
② 在所述例子中，中华通交易所参与者必须确认客户 B 曾指示其出售 10000 股 Y 股份及提供错误详情。
③ 在所述例子中，中华通交易所参与者必须确认，使用客户 B 的 10000 股 Y 股份履行错误记录在客户 A 的特别独立户口上的交收责任乃符合客户 B 原本出售 10000 股 Y 股份的指示，而并不涉及挪用客户 B 的资产，另亦需要确认如该卖盘在一开始便以客户 B 的投资者识别编号输入中证通，客户 B 的特别独立户口当时也有相应数目的股份符合前端监控规定。

论以何种渠道持有该公司的股份，包括 QFII、RQFII、沪港通及深港通）比例不得超过该公司股份总数的 10%；所有境外投资者对一家上市公司 A 股的持股总和不得超过该公司股份总数的 30%。

当个别 A 股的境外持股比例合计达到 24% 时，上交所或深交所（视情况而定）将于其网站（上交所：http://www.sse.com.cn/disclosure/diclosure/qfii；深交所：http://www.szse.cn/disclosure/deal/qfii/index.html）刊发通知。若境外持股比例合计超过 30%，有关境外投资者必须于五日内以"后买先卖"原则出售股份。

透过沪港通及深港通买入的沪股通或深股通股份将与经由 QFII 及 RQFII 买入的沪股通或深股通股份合计，受同一境外持股规定限制。一旦上交所或深交所通知联交所个别沪股通或深股通股票的境外持股比例合计达到 28%，任何有关该沪股通或深股通股票的买盘便不获接纳，直至该沪股通或深股通股票的境外持股比例跌至 26%。若境外持股比例合计超出 30% 而多出部分来自沪港通或深港通，香港交易所将找出有关交易所参与者，并强制要求其出售股票。

在个别沪股通或深股通股票的境外持股比例合计达到 28% 时，香港交易所将在其网站公布停止接纳该股票的买盘，并在境外持股比例跌至 26% 时公布重新接纳买盘。

即使个别沪股通或深股通股票的境外持股比例合计已经超出 30%，投资者仍可继续出售该等 A 股。若出售行动令该股票的境外持股比例总额于五个交易日内跌至 30% 的界线，被通知减持股票的交易所参与者可向联交所申请豁免强制出售。

交易所参与者需监察其客户的沪股通及深股通股票持仓量，并提醒他们遵守单一境外投资者 10% 持股比例的限制，以及就强制出售的可能性对客户提出预警。

6. 披露责任

根据现行内地证券法律，当一名投资者持有或控制内地上市公司已发行股份的比例达5%时，其必须于三个工作日内以书面形式向中国证监会及有关交易所汇报，并通知上市公司。该投资者将不得于该三日内买卖有关上市公司的股份。就该投资者而言，每当其持股量增加或减少5%时，其便需要于三个工作日内作出披露（披露对象及方式同上）。自披露责任发生当日起至作出披露后两个工作日内，该投资者不得买卖该内地上市公司的股份。若该投资者的持股量变动幅度少于5%，但持股量变动导致其所持有或所控制该内地上市公司的已发行股份所占比例低于5%，投资者亦需要于三个工作日内披露有关信息。

7. 参与深交所创业板市场及上交所科创板市场

通常而言，只有机构专业投资者可买卖深交所创业板股票及上交所科创板股票，如何可以满足这些投资者资格规定？

机构专业投资者的定义可参见《证券及期货事务监察委员会持牌人或注册人操守准则》第15.2段，机构专业投资者属于《证券及期货条例》附表1第1部第1条"专业投资者"的定义（a）至（i）段所指的人士。

在接纳客户买卖深交所创业板股票及上交所科创板股票的任何指示前，中华通交易所参与者必须建立适当的"认识你的客户"程序，确保该客户为《证券及期货事务监察委员会持牌人或注册人操守准则》中定义的专业机构投资者。倘客户是中介，以代理身份代表其相关客户向中华通交易所参与者下单，则中华通交易所参与者必须确保该等透过中介经纪买卖深交所创业板股票或上交所科创板股票的相关客户亦是专业机构投资者。若该中介并非中介经纪而是获第九类牌照许可的公司，则仅该中介（而非其相关基金、账户或客户）必须为专业机构投资者。例如，中华通交易所参与者的直接客户为管理某捐赠基金并获第九类牌照许可的资产管理人，那么只要该资产管理人为专业机构投资者，即使其相关的捐赠基金并非专业机构投资者，中华通交易所参与者仍可接受该资产管理人买卖深交所创业板股票或上交所科创板股票的指示。

尽管有上述规定，如有非专业机构投资者客户因分派权利（包括认购供股或公开发售的权利）或权益、转换、收购、其他公司行动或特殊情况而获得深交所创业板股票或上交所科创板股票，则中华通交易所参与者也可接纳该非专业机构投资者客户的指示沽出该等深交所创业板股票或上交所科创板股票。

由于仅机构专业投资者可买卖创业板股票及科创板股票，故交易所参与者必须在客户协议中加入足够条文涵盖创业板或科创板股票的买卖（包括所涉风险）。中华通交易所参与者亦须检视及加强其"认识你的客户"程序，并设立监控程序避免进行未经授权的创业板股票及科创板股票买卖。

如有并非机构专业投资者的客户参与深交所创业板市场或上交所科创板市场，对中华通交易所参与者可能会产生负面影响。中华通交易所参与者必须实施适当有效的措施确保遵守联交所《交易所规则》中有关深交所创业板市场或上交所科创板市场的规定，否则即属违反联交所《交易所规则》，相关中华通交易所参与者需要接受相应处罚措施。

8. 非机构专业投资者执行了深交所创业板股票或上交所科创板股票买卖盘

这无异于非机构专业投资者错误地买入了专业债务证券又或没有衍生产品知识的个人投资者意外地买卖了衍生产品，而这都是现行上市规则及香港证监会操守准则所限禁的。中华通交易所参与者必须预先设立适当的监控，防止类似情况发生，并设有补救违规后果的必要措施。如有任何其他违反香港交易所规则及/或联交所《交易所规则》的情况，中华通交易所参与者应自行向联交所报告（没有特定报告形式）。中华通交易所参与者必须事先与客户订立安排，包括但不限于要求非机构专业投资者尽快对深交所创业板股份或上交所科创板股份进行平仓。联交所严肃对待所有违规行为，对每个个案均会予以检视及跟进。跟进行动包括发出警告信、进行进一步查询、展开调查并向香港证监会及内地监管机构及/或交易所报告。

需要注意，中华通交易所参与者不可接纳非机构专业投资者买卖深交所创业板股票或上交所科创板股票的要求。另外，除非其客户为机构专业投资者，否则不得为客户在中证通输入任何深交所创业板股票或上交所科创板股票买卖盘。中华通交易所参与者必须采取适当有效的措施确保所有交易活动符合联交所颁布的《交易所规则》。

附件二　互联互通的结算安排

　　为帮助读者更好地理解互联互通机制的结算安排和相关代理服务，本部分将整合香港交易所官方网站的公开信息并进行详细分析和全面介绍。需要特别指出的是，本部分所载数据和技术细节仅供参考，不构成任何形式的规则解释或权威说明，任何在中国内地或香港所执行的证券交易，包括通过沪港通或深港通或债券通等机制进行买卖、结算及交收的权利与责任，将完全取决于中国内地及香港的相关法律法规以及相关交易所及结算所的适用规则。另外需要注意的是，本部分关于互联互通机制技术细节的介绍或论述主要来自中国内地和香港官方认可的机构以及有关部门承认或许可的数字化操作系统。这些机构包括香港交易及结算所有限公司（简称"香港交易所"）、香港联合交易所有限公司（简称"联交所"）、香港中央结算有限公司（简称"香港结算"）、深圳证券交易所（简称"深交所"）、上海证券交易所（简称"上交所"）及中国证券登记结算有限责任公司（简称"中国结算"）（上述机构本书统称"该等实体"；各称"实体"）或其附属公司、其他形式实体。

一　结算交收安排

　　与目前的港股安排相似，当个别中华通证券被纳入中央结算系统进行结算及交收时，香港结算将发出通告，并分别于香港交易所网站及中央结算系统终端机登载相关消息。

中央结算系统参与者可在上交所网站①取得有关股票的官方英文简称，可从深交所网站②下载列有深股通股票简介的活页簿取得深股通股票的官方英文简称。中央结算系统将尽量采用上交所及深交所公布的沪股通及深股通股票官方英文简称。然而，由于系统设计不同，在个别情况下两套系统所采用的英文简称或有不同。中央结算系统中沪股通股票及深股通股票的英文简称分别以"－A"及"＋A"为字尾。符合资格的股票及其对应的联交所上市 H 股会被编配国际证券号码（ISIN），上市公司发行的 A 股及 H 股各有不同的 ISIN。此外，中华通证券的 ISIN 与相应的 A 股或 ETF 相同。

1. 结算交收参与者资格

根据中央结算系统规则，以下类别的中央结算系统参与者可申请成为结算及交收北向交易的合资格参与者（中华通结算参与者）：（1）直接结算参与者；（2）全面结算参与者。

直接结算参与者及全面结算参与者（结算参与者）在进行结算及交收北向交易前，亦需要符合若干资格规定③。合资格中华通结算参与者名单载于香港交易所网站。结算参与者若要成为中华通结算参与者以结算及交收沪港通及深港通下的中华通证券交易，需要先符合以下登记条件：

（1）内部后勤系统及营运程序（包括内部程序、监管程序及文件系统）足以处理中华通证券结算及相关交收程序；

---

① http：//english. sse. com. cn/products/equities/overview/.

② http：//www. szse. cn/English/siteMarketData/siteMarketDatas/stocks/index. html.

③ 载于香港交易所网站：http：//www. hkex. com. hk/mutualmarket_ c。

（2）能初步于香港营业日经香港银行同业结算有限公司操作的实时支付结算系统（RTGS）进行人民币交收[①]；

（3）顺利完成香港结算指定的市场演习、测试及/或向香港结算证明并获信其系统及营运已为进行及/或结算中华通证券交易作好准备；

（4）向香港结算确认其已为遵守香港结算不时施加的任何规定、指令或限制作好准备。

现有中华通结算参与者向香港结算提交相关文件确认其已准备就绪后，将可获准参与结算交收深港通。中华通结算参与者的身份要求同时适用于沪港通及深港通。然而，中华通结算参与者或会基于业务需要向客户提供一个或两个中华通市场的服务。

需要注意的是，只有结算参与者及托管商参与者可在中央结算系统中持有中华通证券。投资者户口持有人不可在自身的中央结算系统户口持有中华通证券。

2. 有关前端监控的特别独立户口

香港结算于2015年3月30日为便利前端监控而推出一种股份独立户口——特别独立户口（SPSA）。在特别独立户口模式下，托管商参与者或非交易所参与者为客户在中央结算系统开立的每个特别独立户口将被分配一组独有的投资者识别编号，客户可要求其托管商参与者或非交易所参与者向其授权为其在特别独立户口执行中华通证券卖盘指令的指定经纪提供该组投资者识别编号。中央结算系统会把托管商参与者及非交易所参与者名下特别独立户口内的中华通证券持股量复制到CSC。当受托的交易所参与者为

---

① 视沪港通及深港通今后的进一步发展而定，香港及海外投资者日后或可在上交所及深交所市场的所有开放日期买卖沪股通及深股通证券，届时结算参与者或需在香港公众假期及台风/暴雨警告悬挂期间交收其人民币持仓。

其于特别独立户口存有中华通证券的客户输入卖出指令时，必须同时输入该投资者识别编号。当卖出指令被传送至相关中华通证券市场执行前，CSC 会检查该交易所参与者是否为该特别独立户口客户的受托经纪及该投资者是否在其特别独立户口中有足够的持股量。在这种模式下，投资者于交易达成后才需要把有关中华通证券从特别独立户口转移至指定的经纪账户，而不需要在下单前进行。然而，已配对卖盘所涉及的中华通证券应于 T 日进行"持续净额交收"机制下的多批交收处理程序前从特别独立户口转移至相关中华通结算参与者以作交收。

3. 在中央结算系统开立特别独立户口的资格

托管商参与者及非交易所参与者均可在客户要求下于中央结算系统开立特别独立户口。他们可在中央结算系统中根据现有的"新增股份独立户口"功能设立特别独立户口。托管商参与者或非交易所参与者在指定区间（80000000 – 80099999）内设立的股份独立户口将被归为特别独立户口，中央结算系统将为每个特别独立户口编制独有的投资者识别编号。在同一特别独立户口内持有的沪股通证券及深港通证券将采用同一指定交易所参与者。

要求其托管商参与者或非交易所参与者开立特别独立户口的客户可为不超过 20 名合资格交易所参与者提供其投资者识别编号以代其执行中华通证券卖盘。托管商参与者或非交易所参与者需要就将个别特别独立户口指派给客户（连同投资者识别编号）、客户指定代其执行卖盘的各交易所参与者之详情及其后任何变更，向香港结算申报并提交"特别独立户口及指定经纪状况表格"（特别独立户口表格），向香港结算发出不少于五个营业日的书面通知。

4. 通知交收时间和交收周期

在中华通市场每个交易日结束后，中央结算系统将于下午 4：00

左右为中华通结算参与者分别就每个中华通证券市场编制"最后结算表"以作交收。值得注意的是，当前针对联交所执行的交易而提供的"临时结算表"并不适用于中华通证券交易。

沪股通证券交易及深股通证券交易分别跟随沪股及深股市场的交收周期，两个市场的证券均于 T 日交收而款项将于 T + 1 日交收。

中央结算系统有四次多批交收处理程序处理沪股通证券及深股通证券"持续净额交收"股份数额的交收（多批交收处理程序/BSR），分别于 T 日约下午 4：45、下午 5：30、下午 6：15 及下午 7：00。此外，每个中华通市场的中华通结算参与者亦可于每个交易日下午 4：00 至下午 7：00 在中央结算系统输入交付指示以交收"持续净额交收"机制下的待交收股份数额。完成第四次多批交收处理程序后，中央结算系统将为每个中华通市场分别编制"已交收数额报告"，记录已交收股份数额以供中华通结算参与者参考及跟进。

沪股通及深股通证券交易的款项交收将于 T + 1 日经实时支付结算系统进行。同一中华通结算参与者每个交易日的沪股通证券及深股通证券"持续净额交收"款项数额将对销为香港结算与中华通结算参与者之间一个待交收的应付或应收款项。在 T + 1 日上午，中央结算系统将向中华通结算参与者的指定银行发出有应付或应收净额的票据交换所自动转账系统付款指示：

（1）有应付净额的中华通结算参与者须于 T + 1 日中午 12：00 或之前经实时支付结算系统向香港结算支付款项；

（2）有应收净额的中华通结算参与者将于 T + 1 日中午 12：30 后经实时支付结算系统从香港结算收取款项。

为准备资金，中华通结算参与者应首先在 T 日查阅沪股通证券及深股通证券各自的"已交收数额报告"；然后在 T + 1 日上午查阅当前"款项记账结存单"。

5. 中华通结算参与者是否需开立全新中央结算系统指定银行户口以进行中华通证券交易的款项交收

已开立中央结算系统指定人民币银行户口的中华通结算参与者可继续使用其人民币银行户口交收其中华通证券交易。然而，他们应确保其指定银行提供人民币实时支付结算系统服务，因为中华通证券交易将透过实时支付结算系统进行交收。有关提供人民币实时支付结算系统服务的指定银行请参考指定银行名单。中华通结算参与者亦可继续使用其现有中央结算系统指定港元银行户口进行其他中央结算系统付款。

6. 中央结算系统参与者可否在中央结算系统内使用交收指示将中华通证券转移至另一中央结算系统参与者

中央结算系统参与者可使用现有的交收指示相关修订活动及整批档案传送功能输入交收指示，将中华通证券转移至其交收指示对手方或从交收指示对手方转移中华通证券，前提是所涉转移不会导致"非交易转移"。

中央结算系统参与者可透过多批交收处理程序或交付指示交收中华通证券的交收指示。香港结算于 T 日提供五次（下午 4：45、下午 5：30、下午 6：15、下午 7：00 及下午 7：45）多批交收处理程序交收中华通证券的交收指示股份数额。首先，下午 4：45、下午 5：30、下午 6：15 及下午 7：00 的多批交收处理程序只会交收下列中华通证券交收指示股份数额：（1）转出方为托管商参与者或非交易所参与者之全面结算参与者且转出户口为特别独立户口；（2）转出方为中央结算系统参与者，其在相关证券上并无待交付的持续净额交收数额及其转出户口并非特别独立户口。然后，下午 7：45 的多批交收处理程序交收的中华通证券交收指示股份数额对转出方、转出户口或收取户口均无限制，但前提是转出户口在相关证券上并无待交付的持续净额交收数额。

7. 中华通证券交收指示以"货银对付"方式进行的款项支付责任交收如何及于何时进行

中华通证券交收指示以货银对付方式进行的款项支付责任交收，是经香港银行同业结算有限公司操作的银行同业大批交收程序进行的。

为支持中华通证券交收指示的即日款项交收以消除隔夜对手方风险，香港银行同业结算有限公司于 T 日傍晚进行人民币银行同业大批交收程序，使 T 日所有多批交收处理程序（下午 4：45、下午 5：30、下午 6：15、下午 7：00 及下午 7：45）的中华通证券交收指示的人民币款项支付责任可于即日下午 9：35 左右交收，前提是交收指示双方的指定银行可支持即日晚间人民币交收，否则该等交收指示的付款责任将通过香港银行同业结算有限公司于下一日（即 T+1 日）上午 9：30 操作的银行同业大批交收程序交收。为免生疑问，以港币或者美元交收的中华通证券交收指示的货银对付支付责任亦将通过香港银行同业结算有限公司于下一日（即 T+1 日）上午 9：30 操作的银行同业大批交收程序交收。

有关支持即日晚间人民币交收的指定银行，为进行沪港通及深港通交收指示的所有中华通结算参与者进行多批交收处理程序（下午 4：45、下午 5：30、下午 6：15、下午 7：00 及下午 7：45）[①]。

从系统角度而言，为确保 T 日所有多批交收处理程序的交收指示可在上述指定银行的支持下透过即日晚间人民币交收进行交收，中央结算系统进行了升级，使 T 日约下午 9：25 的交收程序可

---

① 有关支持即日晚间人民币交收的指定银行服务的中华通结算参与者名单，请参阅香港结算于 2016 年 4 月 13 日发出的通告（参考编号：CD/CDCO/CCASS/080/2016）。

自动涵盖所有相关沪港通及深港通交收指示①。

8. 中华通证券交收指示可否以实时货银对付方式交收

自 2017 年 11 月 20 日起，中央结算系统支持中华通证券交收指示以实时货银对付方式交收。中华通证券交收指示以实时货银对付方式进行的款项交收采取与香港市场相同的模式。进行多批交收处理程序或输入交付指示时，中央结算系统将冻结转出中华通结算参与者（下称"转出方"）的相关股票户口的相关证券，并向接收中华通结算参与者（下称"接收方"）的指定银行发出票据交换所自动转账系统付款指示，用作款项交收。接收方的指定银行将要透过香港银行同业结算有限公司营运的实时支付结算系统，向转出方的指定银行作出付款。待接获香港银行同业结算有限公司发出的付款确认后，中央结算系统即会将相关证券由转出方转入接收方。

中央结算系统参与者可参阅《中央结算系统运作程序规则》第 21 节，了解执行中华通证券交收指示所需的相应费用，另外亦应该了解香港银行同业结算有限公司就进行票据交换所自动转账系统付款而向付款银行收取的结算收费。付款银行出于商业考虑，可能将有关结算收费及其他附加收费转嫁给就中华通证券执行实时货银对付交收指示的中华通结算参与者及托管商。请浏览香港银行同业结算有限公司的人民币、港元及美元结算收费表的CHATS 部分。

另外，中央结算系统参与者可使用现有"户口转移指示"（ATI）及"股份独立户口转移指示"（STI）相关的修订活动及整批档案传送功能，在本身的股份户口之间及其各自的股份独立户

---

① 有关名单载于香港交易所网站：http://www.hkex.com.hk/eng/market/clr/secclr/clrarng
　　_hkscc/Documents/NON-IP_BKLIST_RMB.pdf。

口及特别独立户口之间转移中华通证券。如果从特别独立户口交付中华通证券或将中华通证券交付至特别独立户口的 STI，则可于上午 8：15 至最后结算表可供中央结算系统参与者使用的时间之间输入及授权，其将被置于"待转移"状态。

9. 中华通结算参与者在中央结算系统股份户口中基于"持续净额交收"的交收而被冻结的中华通证券，如何可于 T 日释放使用，在什么情况下必须进行预缴/申请提早使用"持续净额交收"所分配但仍被冻结中的中华通证券

北向交易方面，于 T 日记入中华通结算参与者股份户口以交收"持续净额交收"数额的中华通证券将被冻结，直至款项于 T + 1 日完成交收。有意于 T 日将该等中华通证券释放并转送给另一中央结算系统参与者的中华通结算参与者需通过预缴现金及/或透过存入美元或港元抵押品而申请提早使用该等中华通证券，以在完成"持续净额交收"的交收后进行交收指示转移。全面结算参与者如欲将该等中华通证券转移至其非中华通结算参与者的指定股份户口，以便相关非中华通结算参与者下一日出售，亦需通过预缴现金及/或申请提早使用该等中华通证券作户口转移指示（ATI）或股份独立户口转移指示（STI）的转移。中华通结算参与者通过预缴现金及/或申请提早使用"持续净额交收"所分配但仍被冻结中的中华通证券时应考虑中华通市场合计的持续净额款项责任。

10. 中华通结算参与者如何预缴款项以于同日释放"持续净额交收"所分配但冻结中的中华通证券

中华通结算参与者可于 T 日经中央结算系统终端机使用现金预缴服务"Cash Prepayment Instruction Maintenance for China Connect Markets"发出指令，要求释放冻结中的"持续净额交收"所分配的中华通证券。中华通结算参与者需要透过票据交换所自动转账系统（CHATS）或银行内部户口转账作出不可撤回的付款至香港中央结算有限公司在中国银行（香港）有限公司的指定银行户口，以释放冻结中的"持续净额交收"所分配的中华通证券。中华通结算参与者亦可透过中央结算系统终端机使用现金预缴指示服务"Cash Prepayment Standing Instruction Maintenance for China Connect Markets"设定及授权现金预缴的常设指示，以便香港中央结算有限公司可自动生成恒常性的现金预缴要求（有关安排详情请参阅《参与者适用的中央结算系统终端机用户指引》）。

11. 中华通结算参与者如何申请提早使用"持续净额交收"所分配但冻结中的中华通证券

除预缴现金外，中华通结算参与者亦可透过存入美元/港元资金为香港结算提供抵押品，以申请提早使用"持续净额交收"所分配但冻结中的中华通证券。中华通结算参与者应于 T 日下午 4 时至下午 5 时 30 分期间向香港结算提交"沪股通及深股通：提前使用冻结证券申请表格"（中央结算系统表格 89），并于 T 日下午 5 时 30 分或之前向香港结算指定银行户口作出不可撤销的付款。提交申请前，中华通结算参与者应先查看香港结算于 T 日下午 4 时 15 分左右透过中央结算系统的广播消息公布的汇率及扣减率，以计算所需美元或港元抵押品的数额。

12. 如何计算提早使用"持续净额交收"所分配但冻结中的中华通证券所需的抵押品数额

计算提早使用"持续净额交收"所分配但冻结中的中华通证券所需的抵押品数额时，中华通结算参与者需考虑：（1）其持续净额交收制度下的付款责任；（2）香港结算于 T 日下午 4 时 15 分左右公布的最新汇率及扣减率。

举例：中华通结算参与者在持续净额交收制度下的付款责任

为人民币 10000000 元，其拟申请透过存入港元抵押品（而非预缴现金）提早使用"持续净额交收"所分配但冻结中的中华通证券。其所需存入的港元抵押品数额计算方式如下：

（假设）汇率：1 元人民币 = 1.25 港元

（假设）扣减率：2%

所需港元抵押品数额：10000000 × 1.25/（1 − 2%）= 12755102.04 港元

13. 中华通结算参与者在 T + 1 日中午 12 时或之前履行持续净额交收制度下的付款责任后，香港结算对有关的美元/港元抵押品如何处理，何时及如何退回给中华通结算参与者，中华通结算参与者可否申请将之留在香港结算

若中华通结算参与者于 T + 1 日中午 12 时或之前以人民币全数履行已提早使用的"持续净额交收"所分配但冻结中的中华通证券在持续净额交收制度下的付款责任，香港结算将于同日下午 5 时 50 分左右透过电子收付款指示（EPI）按《中央结算系统运作程序规则》向中华通结算参与者全数退回剩余的美元/港元抵押品。由于退回抵押品是于申请提早使用的时限（即下午 5 时 30 分）后进行的，所退回的抵押品不能用于在同日申请提早使用另一批"持续净额交收"所分配而冻结中的中华通证券。

另外，中华通结算参与者亦可透过提交"提供予提前使用中华通证券的抵押品：设立常设指示或取消常设指示"（中央结算系统表格 90）并在表格中作出常设指示，指示香港结算不按上文所述退回抵押品；若能在 T + 1 日下午 2 时或之前提交表格，指示可即日生效。不退回的抵押品将仍保留为中华通结算参与者 CCMS 抵押品户口中的特别用途抵押品项下的"A 股抵押品"（剩余抵押品）。若其后要申请提早使用"持续净额交收"所分配但冻结中的中华通证券并使用全部或部分剩余抵押品，中华通结算参与者需提交中央结算系统表格 89，通知香港结算其拟应用的剩余抵押品金额。香港结算只按申请提早使用"持续净额交收"所分配但冻结中的中华通证券所获接受的抵押品金额收取手续费。

14. 中华通结算参与者可否要求部分/全数提取剩余抵押品，中华通结算参与者可如何取消常设指示

中华通结算参与者可向香港结算提交"提取剩余抵押品申请表"（中央结算系统表格 91），申请部分/全数提取剩余抵押品。中华通结算参与者亦可提交中央结算系统表格 90，取消不退回剩余抵押品的常设指示。

香港结算于交收日下午 2 时或之前收到表格，会于同日下午 5 时 50 分左右透过 EPI 向中华通结算参与者退回剩余抵押品。否则，中央结算系统表格 90 的指示将于下一交收日生效，中央结算系统表格 91 的申请则会被拒绝。

15. 提早使用"持续净额交收"所分配但冻结中的中华通证券的手续费如何计算，香港结算会在何时收取手续费

是否申请提早使用"持续净额交收"所分配但冻结中的中华通证券纯属自由选择，香港结算将会收取申请手续费。具体金额按香港结算接受申请提早使用所涉及的抵押品金额计算，收费率暂定每年 1%。举例：

中华通结算参与者于 T 日有持续净额款项责任人民币 5000000 元必须于 T + 1 日交收。中华通结算参与者在 T 日存入 300000 美元，作为提早使用"持续净额交收"所分配但冻结中的中华通证券的抵押品，并预缴现金人民币 1000000 元，以释放"持续净额交收"所分配但冻结中的中华通证券：

（假设）汇率：1 元人民币 = 1.2 港元；1 美元 = 7.8 港元

（假设）扣减率：2%

（假设）手续费率：1%

手续费计算步骤：

以适用汇率及扣减率将美元转换为等值人民币：

$300000 \times 7.8 \div 1.2 \times (1 - 2\%) = 1911000$ 元人民币［A］

计算预缴现金后剩余的持续净额款项责任：

人民币 5000000 元 – 人民币 1000000 元 = 人民币 4000000 元［B］

按香港结算接纳并使用的抵押品数额（即［A］或［B］，以较低者为准）计算手续费：｛［A］或［B］（以较低者为准）×手续费率/360｝转换为港元，四舍五入保留两位小数：$1911000 \times 1\% \div 360 \times 1.2 = 63.70$ 港元

若 T + 1 日与 T 日相距三个历日（例如 T 日是星期五，T + 1 日是下一个星期一），手续费会是 63.70 港元 $\times 3 = 191.10$ 港元。

中华通结算参与者可从中央结算系统终端机下载"提早使用中华通市场的冻结证券的收取手续费报告"（CSECC03）了解手续费详情。与香港结算其他收费的安排一样，香港结算收到中华通结算参与者申请提早使用"持续净额交收"所分配但冻结中的中华通证券后，将于交收日把手续费记入其计费账户（款项记账子账户），再按既有安排透过 EPI 每周收取。

16. 如中华通结算参与者有个别中华通证券的逾期"持续净额交收"待交收股份数额，其可否透过交收指示将有关中华通证券转移至另一中央结算系统参与者

中华通结算参与者为提早使用"持续净额交收"所分配但冻结中的中华通证券而存入的任何美元/港元抵押品，香港结算不会向中华通结算参与者支付利息。

如中华通结算参与者在个别中华通证券上有逾期待交收股份

数额，涉及该中华通证券转移至其他中央结算系统参与者的交收指示只有在下述情况下方可执行：

（1）如逾期待交付数额完全由中华通结算参与者未能转移该中华通证券到股份结算户口作"持续净额交收"所致，但随后该中华通结算参与者已转移足够数量的中华通证券到股份结算户口；

（2）如逾期待交付数额完全由未能从特别独立户口转移相关数量的中华通证券给中华通结算参与者进行持续净额交收（"特别独立户口未能交付"）所致，但已根据相关规定向结算公司提出调整要求（有关功能详情请参阅《参与者适用的中央结算系统终端机用户指引》）；

（3）如逾期待交付数额部分由特别独立户口未能交付所致，部分由中华通结算参与者未能转移该中华通证券到股份结算户口作"持续净额交收"所致，而就特别独立户口未能交付而言，已根据相关规定向结算公司提出调整要求（有关功能详情请参阅《参与者适用的中央结算系统终端机用户指引》），就未能转移该中华通证券到股份结算户口所致的逾期待交付数额而言，随后该中华通结算参与者已转移足够数量的中华通证券到股份结算户口。

17. 如中华通结算参与者在个别中华通证券上的逾期"持续净额交收"待交收股份数额纯粹由一个或超过一个已出售该中华通证券的特别独立户口（卖方特别独立户口）未有交付所致，应采取什么行动

在特别独立户口模式下，中华通结算参与者出现个别中华通证券的逾期"持续净额交收"待交收股份数额，可能纯粹由于一个或多于一个卖方特别独立户口未能于相关交收日"持续净额交收"进行交收前向中华通结算参与者交付正确数目的已出售股份，从而该中华通结算参与者交付该中华通证券的交收指示不会被执行。

在该情况下，在特别独立户口未能交付的同一交收日，中华通结算参与者需要使用中央结算系统终端机的"特别独立户口未能交付修订"功能，按香港结算要求交收其所有相关配对交收指示，并为符合前端监控要求而调整其可出售结余、卖方特别独立户口的可出售结余以及（如适用）已买入同一中华通证券的股份并受特别独立户口未能交付影响的任何特别独立户口客户（买方特别独立户口）的可出售结余（有关功能详情请参阅《参与者适用的中央结算系统终端机用户指引》）。

中华通结算参与者随后应与卖方特别独立户口客户、受影响的买方特别独立户口客户（如有）及/或相关托管商参与者或非交易所参与者之全面结算参与者跟进处理特别独立户口未能交付所涉及的未解决事宜，包括由卖方特别独立户口客户交付股份及/或向受影响的买方特别独立户口客户交付股份。

18. 如中华通结算参与者在个别中华通证券上的逾期"持续净额交收"待交收股份数额部分由一个或超过一个卖方特别独立户口的特别独立户口未能交付所导致，而其他部分则由中华通结算参与者未转移足够股份至其股份结算户口作"持续净额交收"的交收所致，又应采取什么行动

在该情况下，该中华通结算参与者的所有相关交收指示将不会被交收。同样地，在特别独立户口未能交付的同一交收日，为符合前端监控要求，中华通结算参与者需要使用中央结算系统终端机的"特别独立户口未能交付修订"功能，按香港结算要求调整其可出售结余、卖方特别独立户口的可出售结余及（如适用）任何受特别独立户口未能交付所影响的买方特别独立户口的可出售结余（有关功能详情请参阅《参与者适用的中央结算系统终端机用户指引》)。另外,要使中央结算系统执行相关交收指示,该中华通结算参与者需要将足够中华通证券转移至其股份结算户口以抵偿非因特别独立户口未能交付所致的逾期待交付数额。

中华通结算参与者随后亦应与卖方特别独立户口客户、受影响的买方特别独立户口客户(如有)及/或相关托管商参与者或非交易所参与者之全面结算参与者跟进处理特别独立户口未能交付所涉及的未解决事宜,包括由卖方特别独立户口客户交付股份及/或向受影响的买方特别独立户口客户交付股份。

19. 如一个或超过一个卖方特别独立户口导致个别中华通证券出现特别独立户口未能交付,但中华通结算参与者在该中华通证券上有"持续净额交收"待收取股份数额或股份数额为零,又应采取什么行动

在该情况下,在特别独立户口未能交付的同一交收日,为符合前端监控要求,中华通结算参与者需要使用中央结算系统终端机的"特别独立户口未能交付修订"功能,按香港结算要求调整其可出售结余、卖方特别独立户口的可出售结余及(如适用)任何受特别独立户口未能交付所影响的买方特别独立户口的可出售结余(有关功能详情请参阅《参与者适用的中央结算系统终端机用户指引》)。

中华通结算参与者随后亦应与卖方特别独立户口客户、受影响的买方特别独立户口客户(如有)及/或相关托管商参与者或非交易所参与者之全面结算参与者跟进处理特别独立户口未能交付所涉及的未解决事宜,包括由卖方特别独立户口客户交付股份及/或向受影响的买方特别独立户口客户交付股份。

20. 由于特别独立户口未能交付而调整可出售结余的影响

香港结算调整可出售结余只会牵涉到为符合前端监控要求而

被调整的中华通结算参与者及相关特别独立户口客户所涉及的中华通证券的股份持仓资料。双方的实际股份持仓资料不会有调整。

调整可出售结余只适用于下一交易日。香港结算调整可出售结余后，中华通结算参与者及相关特别独立户口客户将可于下一交易日出售数目不超过调整后可出售结余的中华通证券股份。

需要注意的是，"特别独立户口未能交付修订"功能于下午7：45结束，不会影响下午7：45进行的最后一次多批交收处理程序交收指示。

二　第三方结算

1. 全面结算参与者可如何支持其非中华通结算参与者客户买卖中华通证券

中华通证券买卖盘必须接受前端监控。因此，沪港通及深港通的交易所参与者必须能够确切知道其可出售的中华通证券。若交易所参与者本身同时是中华通结算参与者，其可以名下中央结算系统（CCASS）股份户口内的中华通证券作为其可出售的中华通证券。若交易所参与者本身是非中华通结算参与者，其可委任一名全面结算参与者，透过全面结算参与者的指定特别独立户口代其持有中华通证券，并将该等中华通证券作为其可出售的中华通证券。

每名全面结算参与者可代表一名或多名非中华通结算参与者。不管属哪个情况，有关全面结算参与者都要知会香港结算，使香港结算知道其有否支持非中华通结算参与者的中华通证券交易，以及经哪个股份户口进行，详情如下：

（1）若只替本身的中华通证券交易或一名非中华通结算参与者的中华通证券交易作结算，全面结算参与者可就前端监控而言选择指定其所有CCASS股份户口（用作抵押品记录及管理的股份户口 20 除外）又或某个特别独立户口；

（2）若替多名非中华通结算参与者的中华通证券交易作结算，全面结算参与者需要为每名此等非中华通结算参与者另外设特别独立户口（股份户口 01、02、17、18、19 及 20 除外，此等户口不得配对给任何个别交易所参与者）。

2. 交易所参与者若同时是其港股交易的直接结算参与者，是否可以委任全面结算参与者替其中华通证券交易进行结算

可以。交易所参与者若同时是其港股交易的直接结算参与者，也可以委任全面结算参与者替其中华通证券交易进行结算，前提是其本身并非中华通结算参与者。

3. 非中华通结算参与者买入中华通证券后翌日可否即行沽出，相关的全面结算参与者要做些什么以支持这样的沽售交易

现时，为交收"持续净额交收"持仓而分配给中华通结算参与者的股份会被冻结在中华通结算参与者的股份结算户口内，直至相应的"持续净额交收"付款全数付清。对于替多名非中华通结算参与者的中华通证券交易作结算的全面结算参与者，虽然到 T＋1 日正午时有关的"持续净额交收"付款已经完成，但由于前端监控的机制，T 日结束时所见的中华通证券结余将不包括那些冻结在中华通结算参与者股份结算户口内的中华通证券，因而这些中华通证券不能在 T＋1 日放售。若要令这些中华通证券在 T＋1 日放售，有关非中华通结算参与者必须指示其全面结算参与者预付现金及／或申请提早使用"持续净额交收"所分配但冻结中的中华通证券，然后于 T 日将中华通证券转到其特别独立户口。全面结算参与者若只替本身的中华通证券交易作结算或只替一名非中华通结算参与者的中华通证券交易作结算，T 日结束时所显示的中华通证券结余将会包括那些冻结中的中华通证券。

4. 全面结算参与者若有逾期的中华通证券待收取股份数额，可否要求香港结算调整全面结算参与者本身及其所服务的非中华通结算参与者的可沽售结余

属全面结算参与者的中华通结算参与者若有中华通证券的待收取股份数额，可使用指定的表格（见《参与者适用的中央结算系统终端机用户指引》）向香港结算提出调整要求，将有关的待收取股份数额从其股份结算户口拨入其相关的股份户口的可出售结余（包括全面结算参与者服务的非中华通结算参与者）。香港结算所作的任何调整只牵涉到为符合前端监控要求而调整的可出售结余，并只适用于下一个交易日。全面结算参与者的股份户口的实际持股不会被调整。

三　存管及代理人服务

1. 香港和海外的投资者如何持有沪港通及深港通的中华通证券，投资者是否可以实物持有透过沪港通及深港通购得的股票

由于沪港通股票和深港通股票均属无纸化股票，沪港通股票和深港通股票不牵涉从中央结算系统证券存管处提存实物股票。

如上所述，香港和海外投资者只能透过其经纪或托管商持有沪港通股票和深港通股票。他们的拥有权反映在其经纪或托管商本身的记录（例如客户结单）上。

2. 香港和海外的投资者可否透过 CCASS 参与者要求收取上交所或深交所上市公司印刷版本的公司通讯（譬如通函、年报）

不可以。香港和境外的证券投资者应遵守内地法律并依循内地市场惯例，对于上交所和深交所关于上市公司所发出的公司公告，投资者可通过浏览上交所官方网站（http://www.sse.com.cn/disclosure/listedinfo/announcement/）和深交所官方网站（http://

www. szse. cn/disclosure/notice/general/index. html），以及官方指定
报纸及网站获得，包括上海证券报、证券时报、中国证券报、证券
日报及巨潮信息网（http：//www. cninfo. com. cn/new/index）。CCASS
参与者需要注意，在深圳创业板上市的发行人只需要在公司网站
及官方指定网站登载若干公司公告即可，而通过这种渠道登载的
公司公告只有简体中文版本。

3. 中央结算系统参与者如何获悉有关中华通证券的公司行动

根据港股市场交易惯例，参与者可透过中央结算系统获得中
华通证券的公司行动信息，主要是通过现时与代理人有关的查询
功能及报表获得。

**4. 是否所有现有的中央结算系统存管及代理人功能均适用于
中华通证券**

与中华通证券（包括只可透过沪股通或深股通卖出的中华通证
券）业务范围有关的现有 CCASS 存管及代理人功能均适用，但以下
功能除外：（1）诸如 Tendering 及 EIPO 等功能不适用，因为沪港通
及深港通并不涵盖一级市场活动；（2）ETF 增设或赎回功能不适用，
因为按建议中的范畴，ETF 不符合跨境交易资格条件；（3）柜台之
间转移或转换指示修订功能不适用于中华通证券，因为该功能主
要是为因平行买卖安排而出现的双柜台交易及转换而设的。

**5. 在上交所或深交所相关上市公司的股东会议上，香港和海
外的投资者可否就其被代为持有的中华通证券行使投票表决权**

可以。香港和海外的投资者可透过其中华通结算参与者向香
港结算发出指示而进行投票表决。

上交所或深交所上市公司通常是在股东周年大会及股东特别
大会会议日期前两至三星期公布会议的相关数据。香港结算将通
知中央结算系统参与者有关的会议时间及建议决议案数目等股东

大会详情。于记录日期在股份户口中（本身或作为投资者代理人）持有相关股份的中央结算系统参与者可通过中央结算系统现有投票功能就如何投票向香港结算发出指示。

根据中华人民共和国相关的规则及指引，上交所或深交所上市公司必须披露中小投资者的投票数目。因此，中央结算系统参与者必须按照相关发行人的要求或适用法律、规则或规例，就其客户对股东大会之决议案所作的投票，向香港结算作出持股类别披露。因此，投资者需要向中央结算系统参与者提供其所需数据，让其透过中央结算系统的"持股类别披露修订"功能作出披露。香港结算会收集中央结算系统参与者的所有披露数据，然后交给相关发行人或其授权代理或代表。香港结算会不时于《参与者适用的中央结算系统终端机用户指引》中列明中央结算系统参与者需要作出的持股类别披露的相关内容。

对于上交所上市及深交所上市的 ETF，香港结算将通知中央结算系统参与者建议决议案数目。在户口中持有相关 ETF 的中央结算系统参与者（本身或作为投资者代理人）于记录日期可透过中央结算系统现有投票功能就如何投票向香港结算发出指示。

6. 若香港与海外投资者持有个别公司的中华通股票，可否出席其股东大会，或委任超过一名人士代为出席大会并作为代表投票

由于香港结算是上交所或深交所上市公司股东名册上的股东（以其作为香港及海外投资者的沪股通股票的名义持有人的资格），其可以股东身份参与上市公司股东大会。如果上市公司章程并未列明禁止其股东委任一名代表或多名代表参加股东大会，香港结算在收到委任指令后，将按该等委任指令安排委任一名或多名投资者作为代表出席相关上市公司的股东大会。另外，根据中央结算系统规则，投资者（按中国内地法规及上市公司章程中的规定，当股东所持有的公司股份达致所需门槛时）可以经中央结算系统参与者由香港结算向上市公司提交或提呈股东大会议案。在相关法规及要求的允许下，香港结算作为上市公司股东名册上的股东将协助传递此等议案给予相关上市公司。

7. 香港及海外投资者可否透过中央结算系统参与者参与供股或公开发售认购上交所或深交所上市公司股票，中央结算系统内有关供股/公开发售的认购期及认购指示输入时间是什么

可以。上交所或深交所上市公司的供股或公开发售的认购期一般为一星期左右，但亦可能只有一个营业日。香港结算将向中央结算系统参与者提供供股或公开发售的详情，例如认购价及认购期（包括相关截止时间）等。中央结算系统参与者可于认购期上午 8：00 至下午 7：45 期间透过中央结算系统现有认购功能提交指示。一般不可提出超额申购。香港结算将于指示输入当日就相关供股或公开发售认购而从中央结算系统参与者的相关股份户口中扣除认购款项。若认购期短至一个营业日，中央结算系统参与者可能需要将书面指示连同付款证明一并提交给香港结算。

8. 上交所或深交所上市公司向香港及海外投资者进行配股时有哪些登记要求

A 股（包括只供卖出的中华通股票）发行人如希望了解更多有关向香港投资者分发载有配股要约文件的登记安排和要求，可留意香港证监会网站（http://www.sfc.hk/web/TC/faqs/shanghai-hong-kong-stock-connect/a-shares-rights-issue-prospectuses.html）的信息。

9. 如果港股通股票发行人排除港股通下的内地股东（港股通股东）参与其供股或公开发售，对其有何影响

2014 年 11 月 14 日，联交所发布了有关沪港通的常问问题系列二十九（于 2016 年 11 月 4 日更新）①。根据常问问题系列二十九，上市监管部门认为按照中国证券监督管理委员会公告《关于港股通下香港上市公司向境内原股东配售股份的备案规定》（〔2016〕21 号）中所载列的发行人供股或公开发售章程文件的备案程序，港股通股票发行人并没有充分理据排除其港股通股东参与供股或公开发售的股份认购。

如上交所认为港股通股票发行人没有充分理据排除港股通投资者参与其供股或公开发售的股份认购，上交所有权将该发行人股票调出港股通股票目标范围。同样安排也适用于深港通。

10. 沪港通及深港通证券拥有权

就香港及海外投资者通过沪港通获得的沪股通证券而言，香港结算是这些证券的"名义持有人"②。

同样的名义持有人安排适用于深港通。

11. "名义持有人"的概念是否为内地法律法规所认可，如果认可，"名义持有人"都承担哪些职能

《沪港股票市场交易互联互通机制试点若干规定》（简称《沪港通规定》）属于具有法律效力的内地部门规章，其中已经明确提出了"名义持有人"的概念。《上海证券交易所沪港通试点办法》简称（《上交所试点办法》）和中国证券登记结算有限责任公司《沪港股票市场交易互联互通机制试点登记、存管、结算业务实施细则》简称（《中国结算实施细则》）明确采用了这一概念。此外，其他内地法律法规也明确规定证券可以记录在名义持有人证

---

① http://www.hkex.com.hk/chi/rulesreg/listrules/listrulesfaq/Documents/FAQ_29_c.pdf.

② 见《沪港股票市场交易互联互通机制试点若干规定》第七条；《上海证券交易所沪港通试点办法》第一百一十八条；中国证券登记结算有限责任公司《沪港股票市场交易互联互通机制试点登记、存管、结算业务实施细则》第六条。

券账户内①。《证券登记结算管理办法》（简称《登记结算办法》）提及"名义持有人"并且明确认可了"证券权益拥有人"这一概念。同时，该办法规定，名义持有人（就沪股通证券而言为香港结算）是指受他人（就沪股通证券而言为香港及海外投资者）指定并代表他人持有证券的机构②。就香港及海外投资者获得的沪股通证券而言，香港结算作为名义持有人的权利和义务在经过修订的《中央结算系统一般规则》及《中央结算系统运作程序规则》中有明确规定。与对其他证券的现有规定相似，上述规定清楚载明香港结算对沪股通证券并无所有权，并且香港结算将作为名义持有人负责向参与者（代其本身和/或其服务的投资者）收取并分发分红、收集参与者的投票指令并据此向相关沪股通证券发行人提交一个汇总的投票指令③。请参见中国证监会于 2015 年 5 月 15 日发布的关于沪港通实际权益拥有人的常问问题（中国证监会常问问题）了解详情④。

同样的名义持有人安排适用于深港通。

12. 中华通证券的实际权益拥有人

香港结算是代表香港及海外投资者持有沪股通证券的"名义持有人"，香港及海外投资者是沪股通证券的实际权益拥有人。《沪港通规定》明确规定由投资者依法享有通过沪港通买入的证券的权益⑤。因此，根据上述条文的规定，获得内地法律法规承认的拥有该等沪股通证券实际权益的主体，是作为最终投资者的香港及海外投资者（而非向该等投资者就持有沪股通证券提供服务的

---

① 《登记结算办法》第十八条。
② 《登记结算办法》第七十八条。
③ 《中央结算系统一般规则》第 824 条，《中央结算系统运作程序规则》第八节，以及《上交所试点办法》第一百一十八条。
④ 中国证监会常问问题：http://www.csrc.gov.cn/csrc_en/c102035/c1371508/content.shtml。
⑤ 《沪港通规定》第十三条，也请参见中国证监会针对常问问题所进行的答复。

任何经纪商、托管银行或其他中介)①。为自营目的通过自有账户持有沪股通证券的经纪商或其他中介同样会被认定为拥有该等沪股通证券实际权益的投资者。《中央结算系统一般规则》第824条确认香港结算作为名义持有人持有的沪股通证券的全部财产权属于中央结算系统参与者或其客户（视情况而定）。

同样的实际权益拥有人安排适用于深港通。

13. 中华通证券的实益持有或拥有权是否受内地法律保护

投资者作为若干中华通证券的实际权益拥有人，怎样确保其中华通证券的实益持有或拥有权在内地法律下仍建立于并可追溯到香港结算作为名义持有人持有的法定认可权益上？对于这个问题，可考虑将其拆分为以下两项进行回答：（1）中国结算的记录中香港结算作为沪股通证券持有人的权益的性质；（2）内地法律所承认的名义持有人概念。

就第（1）项而言，现行内地法律有明确条文确认中国结算的记录中的证券登记持有人的权益。有关条文概述如下。

（a）《上市公司章程指引》第三十条。此条订明内地上市公司需要依据证券登记结算机构（即中国结算）提供的记录建立及管理股东名册，股东名册是证明股东持有公司股份的充分证据。这意味上市公司的股东名册须根据中国结算保存的证券持有人记录或名册进行管理。

（b）《中华人民共和国证券法》第一百六十条。此条订明中国结算应当向证券发行人提供证券持有人名册及证券持有人的有关资料；中国结算应当根据结算交收安排的结果确认证券持有人拥有或持有有关证券的事实。此外，中国结算应当保证其证券持有

---

① 假设各当事方并没有达成任何相反的协议或安排。

人名册和证券登记过户记录真实、准确及完整。

（c）《中国结算实施细则》第七条。此条订明香港结算作为沪股通证券名义持有人，应当登记在上交所上市公司的股东名册内。

（d）《中国证券登记结算有限责任公司证券登记规则》（简称《中国结算证券登记规则》）第五条。此条订明中国结算发出的证券登记记录为证券持有人拥有或持有证券的有效证明。

上述条文提供了完善的法律依据，确认中国结算的记录（反映在上市公司的股东名册上）构成有关人士持有上市公司证券的确凿证据。由于香港结算仅以名义持有人身份持有沪股通证券，而其持股按照上述规例记录在中国结算及上市公司的名册内，相关记录应可作为香港结算层面沪股通证券拥有权的有效证据。

就第（2）项而言，对于相关问题的回答已解决了实际权益拥有人层面的拥有权问题。总的来说，作为沪股通证券的名义持有人，香港结算本身并无任何沪股通证券权益；该等权益属实际权益拥有人。这与香港结算是否破产无关。综上，投资者对沪股通证券的实益持有或拥有权在内地法律下仍建立于并可追溯到香港结算作为名义持有人持有的法定认可权益上。

同样的安排适用于深港通。

14. 投资者作为中华通证券的实际权益拥有人，在沪港通及深港通架构下如何主张、行使及实现其对沪股通证券的权利

首先将实际权益拥有人以下两类权利区分开来：（1）主张或行使其对沪股通证券的权利；（2）采取法律行动或提起法律诉讼实现其对沪股通证券的权利。上述两类权利分别阐述如下。

（1）主张或行使其对沪股通证券的权利。在名义持有人制度下，沪股通证券实际权益拥有人行使证券相关权利，应当通过名义持有人进行。香港及海外投资者通过沪港通获得的沪股通证券被存放在以香港结算（作为名义持有人）的名义在中国结算开立的证券账户中。因此，香港及海外投资者需要根据香港结算发布的《中央结算系统一般规则》及《中央结算系统运作程序规则》通过香港结算行使其股东权利。

根据香港结算的理解，内地法规就"行使"沪股通证券相关"权利"的规定是指股东就公司的下列事宜行使权利，即请求召开及参与股东大会；向股东大会提案；在股东大会上投票表决；认购获分配的权利及权益；以及收取分红或其他投资收益。

根据《中央结算系统一般规则》第824条和第十一章，及《中央结算系统运作程序规则》第八节，香港结算作为名义持有人将（在不违反适用的内地法规的情况下）代表沪港通试点计划下的中央结算系统参与者及沪股通证券的实际权益拥有人主张或行使上述权利。这意味着香港结算有责任分派公司公告及相关信息、出席股东大会以及接收表决指示和处理权益、股息、分派及上市公司各种企业行为的指示。要履行该等责任，香港结算需要征求中央结算系统参与者的意见并按其意见行事，而中央结算系统参与者则要先征求其客户或实际权益拥有人的意见。

因此，《中央结算系统一般规则》的相关规定与《中国结算证券登记规则》第五条的规定一致，香港结算的角色也符合《中国结算证券登记规则》第五条的规定。

（2）采取法律行动或提起法律诉讼实现其对沪股通证券的权利。上述第（1）项权利有别于实际权益拥有人以任何理由对沪股通证券发行人采取法律行动的能力及其自愿决定。

对实际权益拥有人或投资者在内地法院直接提起法律诉讼的权利，香港结算目前并不知悉内地法律对此是否有明确规定。但根据内地《民事诉讼法》第一百一十九条的规定，原告应与本案有直接利害关系。因此有理由相信，如果投资者可以提供其作为实际权益拥有人（例如实际权益拥有人的持股证明）、与相关案件有直接利害关系的证据，则有可能以自己的名义在内地法院直接提起法律诉讼。

然而，无论沪港通下沪股通证券的实际权益拥有人是否具有在内地法院直接对上市公司提起法律诉讼的法定权利，根据《中央结算系统一般规则》第824条，香港结算在必要时会向沪股通证券的实际权益拥有人提供以下协助：

（a）在有关中央结算系统参与者要求下，在收到香港结算合理要求参与者提供的必要数据、文件及赔偿保证后，香港结算将向中国结算提供证明，证实有关中央结算系统参与者或其客户在有关时间所持有的沪股通证券；

（b）在有关中央结算系统参与者要求下，基于本身法定责任，并在满足香港结算合理要求（包括实时缴付香港结算满意的费用、堂费以及支付赔偿）的条件下，香港结算将协助中央结算系统参与者或其客户以内地法律所要求的方式在中国内地采取法律行动。

因香港结算只是沪股通证券的名义持有人，决定采取法律行动的实际权益拥有人有责任自行寻求适当的法律意见，以使其自身及香港结算确信存在诉因。实际权益拥有人应作好采取行动的准备及承担所有相关成本，包括在诉讼期间向香港结算提供赔偿保证及法律代理人。

同样的安排适用于深港通。

15. 香港结算提供的中华通证券持股证明是否被内地机关认可

《中国结算证券登记规则》第五条第三款规定"名义持有人出具的证券权益拥有人的证券持有记录是证券权益拥有人持有证券的合法证明"。

《沪港通规定》及《中国结算实施细则》明确认可香港结算是通过沪股通交易获得的沪股通证券的名义持有人，因此，香港结算作为名义持有人出具的沪股通证券持股证明是实际权益拥有人持有相关证券的合法证明。另外，《中国结算证券登记规则》是经中国证监会批准后才发布的。

同样的安排适用于深港通。

16. 香港结算在沪港通及深港通中的角色是什么

香港结算为香港证券市场提供结算、交收和托管服务，是香港证监会（香港证券市场监管机构证券及期货事务监察委员会）根据《证券及期货条例》第37（1）条认可的"认可结算所"。除提供结算服务，香港结算亦作为中央证券存管处及证券结算系统，提供存管、代理人、证券及交收服务，有关角色载于经香港证监会批准发布的《中央结算系统一般规则》中。除香港证监会认可外，香港结算亦是其他国际机构（包括国际货币基金组织）认可的中央结算对手方、证券结算系统和中央证券存管处。香港结算已被认可为欧洲市场基础设施监管规则（EMIR）下的"第三国家中央结算对手"。

就沪股通证券，香港结算具有以下功能。

（1）担任相对于中国结算的"客场中央结算所"，就通过沪股通交易买卖的所有沪股通证券（即香港结算的结算参与者为香港及海外投资者买入及卖出的所有沪股通证券）进行结算及交收；

（2）结算及交收完成后，沪股通证券即以香港结算的名义被登记在中国结算的账目和记录内，香港结算的身份为中央结算系统参与者及相关投资者证券的名义持有人。这与香港结算以中央证券存管处的身份就香港上市证券和其他类型的证券向中央结算系统参与者提供代理人服务类似。

上述功能（1）的相关规定可参见在《沪港通规定》、《上交所试点办法》、《中国结算实施细则》及 2014 年 4 月香港证监会和中国证监会就开展沪港通发布的联合公告，功能（2）的相关规定可参见中国结算与香港结算在沪港通推出前订立的《中央证券存管和结算通协议》。重要的是，香港结算的名义持有人角色在内地法规中有明确规定，也在香港结算本身的规则中得到认可及确认。

需要注意，香港结算并不担任亦未被任何中央结算系统参与者或投资者委任为沪股通证券的一般"托管人"、"分托管人"或"保管代理"。作为中央结算对手、中央证券存管处及证券结算系统，香港结算需要其作为金融市场基础设施的角色行事及经营，亦以此身份受香港证监会规管。香港结算需要遵守支付及市场基建委员会（CPMI）与国际证监会组织制定但不适用于一般托管人或保管代理的金融市场基建原则（PFMI 原则）。有关香港结算作为中央结算对手、中央证券存管处及证券结算系统等角色遵守 PFMI 原则的数据披露载于香港交易所网站。

以下 PFMI 原则中关于中央证券存管处角色及功能的内容，应有助于证实香港结算是一全方位的中央证券存管处。

（1）中央证券存管处提供证券户口、中央存管服务及资产服务，当中可包括企业行动管理及赎回，对于协助确保证券事宜持正操作（即确保证券并无意外或虚假增设或销毁或更改详情）至关重要。[1]

（2）中央证券存管处可以实物（但非流动）或非实物形式（即只以电子记录存在）持有证券[2]。中央证券存管处的确切业务

---

[1] 香港结算为香港上市证券、沪股通证券及其作为中央证券存管处及名义持有人而持有的其他证券提供服务。

[2] 适用于香港结算。

因司法管辖区及市场惯例不同而有别。例如，中央证券存管处的业务因其营业地所在司法管辖区的直接或间接持股安排不同而有所不同。在直接持股制度下，证券的每名实际权益拥有人或直接拥有人的身份均为中央证券存管处或发行人所知。在某些国家，采用直接持股制度属于法律规定。在另一些实行间接持股制度的地方，证券所有权的托管和转移（或类似权益的转移）采用多层安排，投资者的身份仅为其托管人或中介机构所知。①

（3）中央证券存管处可以保存证券法定所有权的最权威记录；然而，在某些情况下，此公证角色会由独立的证券注册处扮演。在许多国家，中央证券存管处也运营证券结算系统。证券结算系统使证券可根据默认的多边规则以记账方式转移过户及结算。②

综上，香港结算在沪港通中的角色是在香港证监会认可及规管以及中国证监会具体规则和法规的规定下，担任中央结算对手、中央证券存管处及证券结算系统。同样的安排适用于深港通。香港结算在深港通中的角色是在香港证监会认可及规管以及中国证监会具体规则和法规的规定下，担任中央结算对手、中央证券存管处及证券结算系统。

17. 香港结算持有香港及海外投资者通过沪港通及深港通获得的中华通证券，这与香港结算作为中央证券存管处的角色是否不一致

如前所述，香港结算是以"名义持有人"身份持有香港及海外投资者买入的中华通证券。

香港结算作为名义持有人的角色（其在中国结算的账目中被

---

① 香港结算现采用上述间接持股制度。"托管商参与者"是参与者类别之一，机构投资者一般聘任此等托管人代其保管资产。

② 香港结算根据 PFMI 原则运营的证券结算系统，也一直是按此评定的。

登记为中华通证券持有人，因而相关上市公司的股东名册亦按此登记）与其作为中央证券存管处的角色是一致的。事实上，为中央结算系统参与者和投资者提供代理人服务及担任香港上市证券法定权益的名义持有人一直是香港结算在现行监管制度下的角色。

香港结算作为名义持有人具备的多项职能中的以下职能，使中央结算系统参与者及相关投资者能以有关证券实际权益拥有人的身份行使权利：

（1）就香港结算持有的证券收取或接收有关股息、利息、赎回款项、权利、权益及其他财产和文件；

（2）将香港结算就其持有的证券而接收的股息、利息、赎回款项、权利、权益及其他财产和文件派发或支付给中央结算系统参与者；

（3）征求中央结算系统参与者的表决意见，在股东大会上进行表决或将表决意见转交相关上市公司以在股东大会上进行表决；

（4）征求中央结算系统参与者对行使有关证券权利或权益或对其有影响的其他行动、交易或事项的意见。

在不违反适用的内地法律的情况下，上述职能亦为香港结算以名义持有人身份对在中国结算账目及记录内的香港结算名下的所有中华通证券所履行的职能。

18. 香港及海外投资者通过沪港通及深港通买入的中华通证券是否为其独立持有，在香港监管框架下，香港结算及不同层面所持有的证券，在什么程度上与香港结算及相关中介机构的资产相分离

在买入沪股通证券的交易完成结算及交收后，沪股通证券在不同层面的账面持有形式如下。

（1）中国结算层面

根据《沪港通规定》及中国证监会批准发布的《中国结算实

施细则》，在中国结算的账目及记录中，沪股通证券存放于香港结算综合股票账户内，该账户内的所有股份均为香港结算以名义持有人身份持有的中央结算系统参与者及相关投资者的股份。香港结算的账户与中国结算其他结算参与者的账户分离，因此沪股通证券与中国结算其他结算参与者及中国结算本身的资产分离。根据《沪港通规定》第十三条的规定，投资者依法享有通过沪港通买入的证券的权益。此外，若中国结算破产，保存在香港结算综合股票账户中的沪股通证券并不构成中国结算破产财产的一部分，不会被分配给中国结算的债权人。

（2）香港结算层面

由于香港结算以名义持有人身份持有其在中国结算开立的香港结算综合股票账户中的所有沪股通证券，故在香港结算的账目及记录中，这些沪股通证券将被全部分配给购买相关数目沪股通证券的中央结算系统参与者并记录为由有关参与者单独持有（这反映在香港结算作为《中央证券存管及结算通协议》下的客场中央结算所及遵循香港结算规则及运作程序规则的结算及交收记录中）。

中央结算系统参与者持有的沪股通证券登记于其各自在中央结算系统（香港结算的中央结算及交收系统）的股份户口内。每名中央结算系统参与者的户口与其他参与者的户口分离，户口内的证券亦与其他参与者所持有的证券及香港结算本身的资产分离。香港结算已建立适当的系统流程及运作程序，以确保每日及时将中央结算系统参与者在中央结算系统中的沪股通证券数额与香港结算在中国结算开立的香港结算综合股票账户内的沪股通证券数额进行对账。

为让中央结算系统参与者能够在中央结算系统中独立识别及

处理其自营持股数及客户的持股数，香港结算提供多个股份独立户口供中央结算系统参与者为其客户持有证券。此外，香港结算亦提供特别独立户口供托管商参与者及非交易所参与者的全面结算参与者为其客户持有证券。因此，中央结算系统参与者除可在中央结算系统中以综合账户形式为其客户持有证券外，亦可选择通过股份独立户口或特别独立户口（如适用）为其客户持有证券。这样，中央结算系统参与者可在香港结算层面通过上述户口分隔每个投资者持有的沪股通证券。

正如香港结算规则和运作程序规则规定的那样，香港结算持有的沪股通证券为代中央结算系统参与者及其客户持有的证券。香港结算对该等证券并无财产权。

如前所述，若香港结算破产，根据香港及内地法律，香港结算作为名义持有人持有的沪股通证券不会被当作其破产财产，不会被分配给香港结算的一般债权人。此外，按香港证监会、香港金融管理局及其他香港权威机构发布的关于建立适用于香港的金融机构有效处置机制的建议，香港结算作为一家金融市场基础设施机构，也将被列入建议中的处置机制内，以保障中央结算系统参与者、投资者及其他权益人的利益。因此，若香港结算破产，预计中央结算系统参与者及相关投资者的权益可在有关规例生效后获得保障。香港结算上述架构符合 PFMI 原则及中国结算于 2014 年 8 月发布的《证券账户管理规则》第二十四条有关明细账户的规定。

（3）中央结算系统参与者层面

每名中央结算系统参与者在其账目及记录中所持有的沪股通证券均是代客户（包括海外投资者）持有的证券。根据香港法律，中介机构代客户持有的证券按受信基础以信托形式持有，一般不构成中介机构资产的一部分。同时，每个客户有权与其中介机构协商有关沪股通证券应如何持有或如何独立于中介机构本身或其他客户的资产。

此外，《证券及期货条例》载有多项关于持牌法团及注册机构（包括经纪及银行机构等中央结算系统参与者）记录客户交易及保障客户持仓及资金的规定。举例来说，《证券及期货（备存记录）规则》第3条规定，持牌法团或注册机构需要备存足以交代其所有收到或持有的客户资产的会计、业务及其他记录（如适用），并使该等客户资产的所有变动均能通过其会计系统及持股系统而追查到；又例如根据《证券及期货事务监察委员会持牌人或注册人操守准则》，持牌法团或注册机构应就证券交易为每名客户保存独立的账目。香港证监会对市场中介机构进行定期监管评估时，会评估中介机构是否遵守了这些规定。

同样的安排适用于深港通。

19. 香港结算已建立适当的系统流程及运作程序，以确保每日及时将中央结算系统参与者在中央结算系统中的沪股通证券数额与香港结算在中国结算开立的香港结算综合股票账户内的沪股通证券数额进行对账，香港结算已建立了哪些对账流程和程序

总的来说，对账是通过以下三层的流程或程序实现的：（1）中国结算和香港结算之间的对账；（2）中央结算系统内的对账，这与香港结算对所有香港上市证券通常所执行的对账程序一样；（3）香港结算向中央结算系统参与者提供报告和信息，使其能进行自我检查和内部记录对账。

20. 就香港及海外投资者获得的中华通证券而言，谁承担相关的权益披露义务

根据内地法律法规，香港投资者通过沪港通及深港通买卖证券达到信息披露要求的，应当依法履行报告和信息披露义务（香港投资者是指通过沪港通及深港通买卖证券的投资者，包括香港本地投资者及其他海外投资者）。"可以实际支配"证券的表决权的主体应承担披露义务。投资者单独持有或与一致行动人共同持有的股份达到一定数量，都会触及披露要求的门槛。因此，对证券表决权拥有"实际支配"权的香港投资者（既可以单独持有也可以与一致行动人共同持有）应对其通过沪港通或深港通获得的沪股通证券或深股通证券按照内地法律法规规定履行披露义务。

一般来说，当持有上交所或深交所一家上市公司的已发行股份的比例达到5%时，投资者需要在该事实发生之日起三日内作出披露。此后其拥有权益的股份占该上市公司已发行股份的比例每增加或者减少5%，也都会需要在事实发生之日起三日内进行披露。需要注意的是，就中华通证券的权益变动进行披露的义务，不适用于作为名义持有人代表香港及海外投资者持有中华通证券的香港结算。

21. 当香港结算破产时，香港及海外投资者获得的中华通证券是否会被当作香港结算的资产并因此会被分配给香港结算的债权人

如前所述，香港结算只是香港及海外投资者获得的中华通证券的名义持有人，而非该等证券的实际权益拥有人。因此，根据内地法律法规和香港相关法规，该等中华通证券将不会被当作香港结算的资产，且在香港结算破产时也不应当被作为破产财产分配给香港结算的债权人。

此外，香港结算为一家在香港成立的公司，任何针对其所提出的破产程序都将在香港进行，并且任何针对香港结算的请求权将主要涉及香港法律管辖之下的争议或问题。在此种情况下，中国结算及内地法院将会承认根据香港法律有效委任的香港结算的清盘人，并将其视为有权代替香港结算对中华通证券进行处理的适当法律实体。

附件三　人民币国际化报告选编

中国金融开放与人民币国际化进程联系紧密是中国金融开放区别于其他多数发展中国家和新兴经济体的一个重要特征和政策背景。自 2009 年中国人民银行正式推出跨境人民币结算试点以来，人民币国际化已经取得了非常显著的进展，2016 年人民币也被纳入国际货币基金组织（IMF）特别提款权（SDR）货币篮子。总体而言，人民币已经从过去的国际贸易结算货币逐步发展为国际投资和储备货币，并正在进一步朝国际金融交易货币方向演进。与此同时，监管部门也认识到，经过若干年的快速发展，人民币已经结束了过去十多年长期升值的趋势，跨境资本流动格局和管理重点都发生了明显变化，因此人民币国际化的动力、方向和战略都可能需要随之调整，在继续推进经常项目、直接投资等基于实际需要原则的跨境人民币使用的同时，可以更多地把重点放在金融账户和资本项目交易领域。

根据中国人民银行在 2022 年 9 月发布的《2022 年人民币国际化报告》，我国金融市场开放持续推进，人民币资产对全球投资者仍保持较高吸引力，证券投资项下人民币跨境收付总体呈净流入态势。截至 2021 年末，境外主体持有境内人民币股票、债券、贷款及存款等金融资产金额合计为 10.83 万亿元，同比增长 20.5%。

离岸人民币市场逐步回暖、交易更加活跃。截至 2021 年末，主要离岸人民币市场人民币存款约 1.5 万亿元。展望未来，金融监管部门需进一步夯实人民币跨境使用的基础制度安排，满足实体部门的人民币使用需求，推动更高水平金融市场双向开放，促进在岸、离岸人民币市场良性循环。同时，持续完善本外币一体化的跨境资本流动宏观审慎管理框架，建立健全跨境资本流动监测、评估和预警体系，牢牢守住不发生系统性风险的底线。

一 整体发展与政策概况

自 2009 年 7 月试点起步，我国跨境人民币结算发展至 2022 年已经走过了 13 个年头。根据环球银行金融电信协会（SWIFT）数据统计，2022 年 10 月人民币在全球主要支付货币中排名第五；2022 年 8 月 1 日，人民币在国际货币基金组织特别提款权（SDR）中的权重，由 10.92% 上调至 12.28%。央行数据显示，2022 年 1 至 8 月，我国银行代客人民币跨境收付金额为 27.8 万亿元，同比增长 15.2%，在同期本外币跨境收付总额中的占比进一步提升至 49.4%。从国别分布看，2022 年 1 至 8 月，与中国境内企业或个人发生人民币跨境收付业务的境外国家（或地区）达 220 个。2022 年 8 月末，境外机构持有境内金融市场股票、债券、贷款及存款等金融资产规模合计近 10 万亿元。中国是世界上很多国家的最大贸易伙伴，人民币的崛起，对这些国家有着明显的吸引力。

最近几年，人民币跨境收付金额总体上延续增长态势。实体经济相关跨境人民币结算量保持较快增长，大宗商品、跨境电商等领域成为新的增长点，跨境双向投资活动持续活跃。人民币汇率总体呈现双向波动态势，市场主体使用人民币规避汇率风险的内生需求逐步增长。人民币跨境投融资、交易结算等基础性制度持续完善，服务实体经济能力不断增强。截至 2021 年末，银行代客人民币跨境收付金额合计为 36.6 万亿元，同比增长 29.0%，收付金额创历史新高。人民币跨境收支总体平衡，全年累计净流入 4044.7 亿元。SWIFT 数据显示，人民币国际支付份额于 2021 年 12 月提高至 2.7%，超过日元成为全球排名第四的支付货币，2022 年 1 月进一步提升至 3.2%，创历史新高。国际货币基金组织发布的官方外汇储备货币构成（COFER）数据显示，2022 年第一季度，人民币在全球外汇储备中的占比达 2.88%，较 2016 年人民币刚加入特别提款权（SDR）货币篮子时上升 1.8 个百分点，在主要储备货币中排名第五。2022 年 8 月，国际货币基金组织将人民币在特别提款权（SDR）中的权重由 10.92% 上调至 12.28%，反映出其对人民币可自由使用程度提高的认可。

总体而言，跨境人民币业务政策进一步完善，跨境人民币业务更好服务实体经济、促进贸易投资便利化，金融市场双向开放程度持续提高，人民币汇率形成机制更加完善，较好地发挥了宏观经济和国际收支自动稳定器的作用。

1. 优化跨境人民币业务政策

2021 年 1 月，中国人民银行会同国家发展和改革委员会、商务部、国务院国有资产监督管理委员会、中国银行保险监督管理委员会、国家外汇管理局联合发布《关于进一步优化跨境人民币政策 支持稳外贸稳外资的通知》，完善跨境收付、融资、交易结算等基础性制度。

2021 年 12 月，中国人民银行会同国家外汇管理局联合发布《关于支持新型离岸国际贸易发展有关问题的通知》，以鼓励基于实体经济创新发展需要的新型离岸国际贸易业务，对相关跨境资金结算实现本外币一体化管理。

2022 年 1 月，中国人民银行会同国家外汇管理局联合发布《关于银行业金融机构境外贷款业务有关事宜的通知》，将银行境外人民币和外汇贷款业务纳入统一管理，放宽银行境外人民币贷款业务限制，进一步支持和规范境内银行业和金融机构开展境外贷款业务。

2022 年 5 月，中国人民银行会同商务部、国家外汇管理局发布《关于支持外经贸企业提升汇率风险管理能力的通知》，推动人民币跨境使用、支持外经贸企业规避汇率风险、持续提升货物贸易项下人民币跨境收付比例。

2022 年 6 月，中国人民银行印发《关于支持外贸新业态跨境人民币结算的通知》，完善跨境电商等外贸新业态跨境人民币业务相关改革，支持外贸新业态健康持续创新发展。

2. 推动金融市场双向开放

2021 年 2 月，中国人民银行会同中国银行保险监督管理委员会、中国证券监督管理委员会、国家外汇管理局、香港金融管理局、香港证券及期货事务监察委员会、澳门金融管理局签署《关于在粤港澳大湾区开展"跨境理财通"业务试点的谅解备忘录》，各方同意在各自职责范围内对粤港澳大湾区"跨境理财通"业务试点进行监管合作。

2021 年 9 月，《粤港澳大湾区开展"跨境理财通"业务试点实施细则》发布，"跨境理财通"业务试点正式启动。这对于促进大湾区金融市场互联互通、提高我国金融市场双向开放水平，同时推动香港国际金融中心建设具有重要意义。

2021 年 9 月，中国人民银行宣布"债券通（南向通）"业务正式开启，标志着"债券通"正式实现"双向"互联互通，此举有利于完善我国债务市场双向开放的制度安排，进而拓展国际投资者在国际金融市场配置资产的空间。

二　人民币跨境使用情况

截至 2021 年末，人民币跨境使用延续稳步增长态势，人民币在本外币跨境收付中的占比创新高，收支总体平衡，整体呈净流入格局。

1. 人民币跨境使用总体情况

回顾 2021 年全年，人民币跨境收付金额合计为 36.61 万亿元，同比增长 29.0%。其中，实收 18.51 万亿元，同比增长 31.3%；实付 18.10 万亿元，同比增长 26.7%，收付比为 1:0.98，净流入 4044.70 亿元，上年同期为净流出 1857.86 亿元。人民币跨境收付占同期本外币跨境收付总额的 47.4%，较 2020 年全年提高 1.2 个百分点。2010～2021 年人民币跨境收付情况（年度）、2020～2021 年人民币跨境收付情况（月度）如图 1、图 2 所示。

2022 年上半年，人民币跨境收付金额为 20.32 万亿元，同比增长 15.7%，在同期本外币跨境收付总额中占比上升至 49.1%。

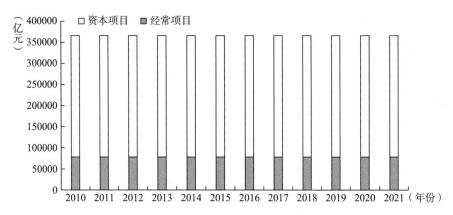

图 1　2010～2021 年人民币跨境收付情况（年度）

数据来源：中国人民银行。

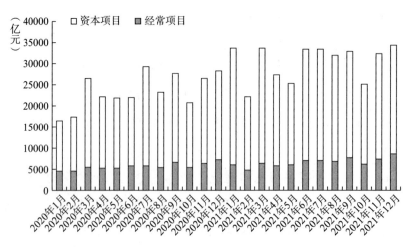

图 2　2020 ～ 2021 年人民币跨境收付情况（月度）

数据来源：中国人民银行。

上海、北京、深圳人民币跨境收付金额继续位居前三。2021年，三地人民币跨境收付金额分别占全国人民币跨境收付总额的49.1%、21.1%和8.5%。2021年，全国共有11个省（区、市）人民币跨境收付金额超2000亿元，8个边境省人民币跨境收付金额合计为6294.10亿元，同比增长13.9%。2022年上半年，上海、北京、深圳人民币跨境收付金额分别占全国人民币跨境收付总额的48.3%、20.2%和7.7%。

截至2021年末，中国内地与香港的人民币跨境收付金额占到人民币跨境收付总额的约48.6%，占比最高，排在第二至第四位的分别是新加坡（11.3%）、英国（5.4%）和中国澳门（3.9%）。排名前十的国家和地区人民币跨境收付总额占人民币跨境收付总额的比重由2020年的80.9%下降至77.8%，人民币跨境结算资金流向更趋多元化。与此同时，中国与共建"一带一路"国家的人民币跨境收付金额为5.42万亿元，同比增长19.6%，占同期人民币跨境收付总额的14.8%。其中，直接投资人民币跨境收付金额

6225.64 亿元, 同比增长 43.4%。截至 2021 年末, 中国与 22 个共建 "一带一路" 国家签署了双边本币互换协议, 并且在 8 个共建 "一带一路" 国家建立了人民币清算机制安排。

2. 资本项目收付

截至 2021 年末, 资本项目人民币跨境收付金额合计为 28.66 万亿元, 同比增长 32.8%, 其中, 收入 14.89 万亿元, 同比增长 32.9%, 支出 13.77 万亿元, 同比增长 32.1%, 净流入 1.12 万亿元。直接投资、证券投资收付金额分别占 20.2%、74.1%。2022 年上半年, 资本项目人民币跨境收付金额合计为 15.73 万亿元, 同比增长 12.7%。

（1）直接投资

截至 2021 年末, 直接投资人民币跨境收付金额合计为 5.8 万亿元, 同比增长 52.3%。其中, 对外直接投资人民币跨境收付金额 1.64 万亿元, 同比增长 56.2%; 外商直接投资人民币跨境收付金额 4.16 万亿元, 同比增长 50.7%。2022 年上半年, 直接投资人民币跨境收付金额合计为 3.01 万亿元, 同比增长 18.2%。

（2）跨境人民币资金池

截至 2021 年末, 共设立跨境人民币资金池 3173 个。跨境人民币资金池业务支出 1.86 万亿元, 收入 1.95 万亿元, 合计为 3.81 万亿元, 同比增长 49.9%。

（3）熊猫债

截至 2021 年末, 熊猫债发行主体已覆盖政府类机构、国际开发机构、金融机构和非金融企业等, 累计发行规模 5401.70 亿元。其中, 银行间债券市场和交易所市场发行熊猫债 72 笔, 发行规模合计 1064.50 亿元。

（4）证券投资

截至 2021 年末, 证券投资人民币跨境收付金额合计为 21.24

万亿元，同比增长 28.7%。2022 年上半年，证券投资人民币跨境收付金额合计 11.83 万亿元，同比增长 13.0%。

在债券投资方面，截至 2021 年末共有 1016 家境外机构投资银行间债券市场。其中，直接入市 507 家，通过"债券通"入市 728 家，有 219 家同时通过两种渠道入市。全年债券投资流入 8.11 万亿元，流出 7.42 万亿元，净流入 6876.43 亿元。其中，直接入市渠道净流入 4317.65 亿元，"债券通"渠道净流入 2558.78 亿元。

在股票投资方面，截至 2021 年末"沪港通"和"深港通"业务人民币跨境收付金额合计 1.93 万亿元，同比增长 13.5%，流入流出基本持平。其中，"沪港通"和"深港通"合计净流入 4098.49 亿元，净流出 4094.88 亿元，

在合格境外机构投资者（QFII/RQFII）方面，截至 2021 年末，QFII/RQFII 业务人民币流入 1.59 万亿元，流出 1.59 万亿元，流入流出持平。

在内地与香港跨境理财投资试点方面，截至 2021 年末参与"跨境理财通"试点的两地居民已超 2 万人次，参与试点银行共 68 家，理财跨境收付金额合计 4.86 亿元，北向通累计净汇入额 1.767 亿元，南向通累计净汇出额 1.06 亿元。

（5）其他投资

2021 年以人民币结算的跨境融资、境外项目人民币贷款等其他投资人民币跨境收付金额合计为 1.61 万亿元，同比增长 23.9%，净流入 666.10 亿元。

3. 人民币国际储备

根据国际货币基金组织公布的数据，2022 年第一季度全球央行持有的人民币储备规模为 3363.86 亿美元，人民币在全球外汇储备中的占比为 2.88%，较 2016 年人民币刚加入特别提款权

（SDR）货币篮子时提升 1.80 个百分点，在主要储备货币中排名第五。据不完全统计，有 80 多个境外央行或货币管理部门将人民币纳入外汇储备。

4. 人民币跨境现钞调运

受疫情影响，人民币现钞跨境调运业务量下降明显。2021 年中国香港、澳门、台北等地区及新加坡等地的跨境调运人民币现钞金额总计 84.57 亿元，相比 2020 年下降 36.2%，其中调运出境 7.53 亿元、调运入境 77.04 亿元，较 2020 年同比分别下降 62.1%、31.6%，周边国家人民币业务参加行跨境调运人民币现钞金额总计 1.80 亿元，较 2020 年下降 51.7%。

5. 人民币跨境支付系统

2021 年，人民币跨境支付系统（CIPS）稳定运行，累计处理跨境人民币业务 334.16 万笔，金额 79.60 万亿元，同比分别增长 51.6% 和 75.8%；日均处理业务 13367 笔，金额 3184 亿元，2021 年，CIPS 新增直接参与者（直参）33 家（其中 17 家为境外人民币清算行），新增间接参与者（间参）134 家；截至 2021 年末，共有境内外 1259 家机构通过直接或间接方式接入 CIPS，其中直参 75 家，相比 2015 年 10 月上线初期增加 56 家；间参 1184 家，相比 2015 年上线初期增加了近 6 倍。

三 离岸人民币市场发展

离岸人民币市场持续健康有序发展，离岸、在岸人民币利差略有放宽，人民币汇率保持基本稳定，离岸、在岸人民币汇率走势总体一致，境内外金融市场互联互通持续深化、离岸人民币产品更加丰富，跨境资本市场自由化水平不断提高。

1. 离岸人民币利率和汇率变动

2021 年以来，离岸人民币利率总体稳定，隔夜利率波动性增大，长期限利率总体稳定。2021年末，香港银行同业人民币拆借利率（HIBOR）隔夜及7天期拆借定盘利率分别为6.93%、2.57%，较2020年末分别上升290个基点和下降39个基点；3个月、6个月和1年期利率分别为2.99%、3.07%和3.16%，较2020年末分别上升10、13和9个基点[①]。

2021年离岸市场利率水平整体上高于在岸市场，HIBOR比SHIBOR平均高0.45个百分点。其中1个月期和3个月期HIBOR与SHIBOR的利差分别由上半年的30个和31个基点放宽至下半年的70个和71个基点。

2021年离岸人民币汇率双向波动特征明显，与在岸人民币汇率走势基本一致，离岸、在岸汇差总体稳定。2021年上半年，离岸人民币汇率最高为6.36；下半年离岸人民币汇率整体稳定，年末收于6.36，较上年末升值2.2%。1年期无本金交割远期（NDF）报价总体稳定，全年升值2.2%，离岸人民币汇率年内强于或弱于在岸人民币汇率的交易日天数大致相当。

2. 离岸人民币存款

2021年离岸人民币存款继续增长。2021年末，主要离岸市场人民币存款余额超过1.54万亿元，同比增长21.3%。其中，中国香港人民币存款同比上升28.4%，余额为9268亿元，在各离岸市场排第一位，占中国香港全部存款余额的7.5%，占其外币存款余额的14.6%。中国台湾人民币存款余额2319亿元，在各离岸市场排第二位，同比下降5.0%。英国人民币存款余额813亿元，在各离岸市场排第三位。

3. 离岸人民币融资

2021年离岸人民币贷款规模保持稳定，主要离岸市场人民币

---

① 数据来源：香港银行公会。

贷款余额为 5271.7 元。其中，中国香港人民币贷款余额为 1636 亿元，在人民币离岸市场位居第一。与此同时，离岸人民币债券市场稳步发展。据不完全统计，2021 年有境外人民币清算安排的国家和地区共发行人民币债券 3531 亿元，同比增长 6.4%，其中中国香港人民币债券发行 2973 亿元，同比增长 9.8%。从发债主体看，2021 年，财政部在中国香港发行 200 亿元人民币国债，深圳市政府和广东省政府分别在中国香港和中国澳门发行 50 亿元和 22 亿元人民币地方政府债。截至 2021 年末，有境外人民币清算安排的国家和地区人民币债券未偿余额 2713.51 亿元，同比增长 2.4%。

4. 在中国香港发行人民币央行票据情况

2021 年，中国人民银行以市场化方式定期发行香港人民币央行票据，全年共发行 12 期合计 1200 亿元央行票据。结合市场供求情况和前期发行经验，进一步优化央行票据期限结构，适当减少 3 个月期和 6 个月期票据发行量，同时增加 1 年期票据发行量。2021 年，3 个月期、6 个月期和 1 年期三个品种央行票据的发行量分别为 400 亿元、200 亿元和 600 亿元，更好地满足了离岸投资者需求。

香港人民币央行票据受到国际投资者欢迎，2021 年每次发行的认购倍数均在 2.7 倍以上，最高达到 5.5 倍，主要投资者包括国际金融组织、央行类机构、商业银行、基金、保险公司等各类海外投资者，地域分布涵盖港澳台和非洲等多个地区。2021 年，中国人民银行积极推动香港人民币央行票据市场发展，提升市场活跃度，2021 年 1 月，中银香港推出香港人民币央行票据回购做市机制，为投资者使用香港人民币央行票据进行流动性管理提供了便利。

5. 全球人民币外汇交易

截至 2021 年末，根据环球银行金融电信协会（SWIFT）发布的外汇交易及使用数据，人民币排在第 6 位，在美元、欧元、英镑、日元、加元之后，以人民币进行外汇交易的主要境外国家和地区包括英国（35.8%）、美国（14.3%）、中国香港（9.4%）和法国（7.5%）。

6. 离岸人民币清算

2021 年境外人民币清算行人民币清算量合计 468.03 万亿元，同比增长 26.7%。截至 2021 年末，在境外清算行开立清算账户的参加行及其他相关机构数达到 950 个。2021 年，香港人民币实时支付结算系统（RTGS）处理的清算金额为 357.7 万亿元，同比增长 26.7%，保持较快增长。

附件四　政策法规和规范性文件

《内地与香港股票市场交易互联互通机制若干规定》

（2016 年 9 月 30 日证监会令第 128 号公布　自 2016 年 9 月 30 日起施行）

第一条　为了规范内地与香港股票市场交易互联互通机制相关活动，保护投资者合法权益，维护证券市场秩序，根据《证券法》和其他相关法律、行政法规，制定本规定。

第二条　本规定所称内地与香港股票市场交易互联互通机制，是指上海证券交易所、深圳证券交易所分别和香港联合交易所有限公司（以下简称香港联合交易所）建立技术连接，使内地和香港投资者可以通过当地证券公司或经纪商买卖规定范围内的对方交易所上市的股票。内地与香港股票市场交易互联互通机制包括沪港股票市场交易互联互通机制（以下简称"沪港通"）和深港股票市场交易互联互通机制（以下简称"深港通"）。

沪港通包括沪股通和沪港通下的港股通。沪股通，是指投资者委托香港经纪商，经由香港联合交易所在上海设立的证券交易服务公司，向上海证券交易所进行申报（买卖盘传递），买卖沪港通规定范围内的上海证券交易所上市的股票。沪港通下的港股通，是指投资者委托内地证券公司，经由上海证券交易所在香港设立的证券交易服务公司，向香港联合交易所进行申报（买卖盘传递），买卖沪港通规定范围内的香港联合交易所上市的股票。

深港通包括深股通和深港通下的港股通。深股通，是指投资者委托香港经纪商，经由香港联合交易所在深圳设立的证券交易服务公司，向深圳证券交易所进行申报（买卖盘传递），买卖深港通规定范围内的深圳证券交易所上市的股票。深港通下的港股通，是指投资者委托内地证券公司，经由深圳证券交易所在香港设立的证券交易服务公司，向香港联合交易所进行申报（买卖盘传递），买卖深港通规定范围内的香港联合交易所上市的股票。

沪港通下的港股通和深港通下的港股通统称港股通。

第三条　内地与香港股票市场交易互联互通机制遵循两地市场现行的交易结算法律法规。

相关交易结算活动遵守交易结算发生地的监管规定及业务规则，上市公司遵守上市地的监管规定及业务规则，证券公司或经纪商遵守所在地的监管规定及业务规则，投资者遵守其委托的证券公司或经纪商所在地的投资者适当性监管规定及业务规则，本规定另有规定的除外。

第四条　中国证券监督管理委员会（以下简称"中国证监会"）对内地与香港股票市场交易互联互通机制相关业务进行监督管理，并通过监管合作安排与香港证券及期货事务监察委员会及其他有关国家或地区的证券监督管理机构，按照公平、公正、对等的原则，维护投资者跨境投资的合法权益。

第五条　上海证券交易所、深圳证券交易所和香港联合交易所开展内地与香港股票市场交易互联互通机制相关业务，应当履行下列职责：

（一）提供必要的场所和设施；

（二）上海证券交易所、深圳证券交易所分别在香港设立证券交易服务公司，香港联合交易所分别在上海和深圳设立证券交易服务公司；对证券交易服务公司业务活动进行管理，督促并协助其履行本规定所赋予的职责；

（三）制定相关业务规则，对市场主体的相关交易及其他活动进行自律管理，并开展跨市场监管合作；

（四）制定证券交易服务公司开展相关业务的技术标准；

（五）对相关交易进行实时监控，并建立相应的信息交换制度和联合监控制度，共同监控跨境的不正当交易行为，防范市场风险；

（六）管理和发布相关市场信息；

（七）中国证监会规定的其他职责。

上海证券交易所、深圳证券交易所应当按照有关监管要求，分别制定港股通投资者适当性管理的具体标准和实施指引，并报中国证监会备案。

上海证券交易所、深圳证券交易所应当制定相关业务规则，要求香港联合交易所及其证券交易服务公司提供有关交易申报涉及的投资者信息。

第六条　证券交易服务公司应当按照证券交易所的相关业务规则或通过证券交易所的相关业务安排履行下列职责：

（一）上海证券交易所证券交易服务公司提供沪港通下的港股通相关服务，深圳证券交易所证券交易服务公司提供深港通下的港股通相关服务；香港联合交易所在上海设立的证券交易服务公司提供沪股通相关服务；香港联合交易所在深圳设立的证券交易服务公司提供深股通相关服务；

（二）提供必要的设施和技术服务；

（三）履行沪股通、深股通或港股通额度管理相关职责；

（四）制定沪股通、深股通或港股通业务的操作流程和风险控制措施，加强内部控制，防范风险；

（五）上海证券交易所、深圳证券交易所设立的证券交易服务公司应当分别制定内地证券公司开展港股通业务的技术标准，并对拟开展业务公司的技术系统进行测试评估；香港联合交易所在上海和深圳设立的证券交易服务公司应当分别制定香港经纪商开展沪股通、深股通业务的技术标准，并对拟开展业务公司的技术系统进行测试评估；

（六）为证券公司或经纪商提供技术服务，并对其接入沪股通、深股通或港股通的技术系统运行情况进行监控；

（七）中国证监会规定的其他职责。

第七条　中国证券登记结算有限责任公司（以下简称"中国证券登记结算公司"）、香港中央结算有限公司（以下简称"香港中央结算公司"）开展内地与香港股票市场交易互联互通机制相关业务，应当履行下列职责：

（一）提供必要的场所和设施；

（二）提供登记、存管、结算服务；

（三）制定相关业务规则；

（四）依法提供名义持有人服务；

（五）对登记结算参与机构的相关活动进行自律管理；

（六）中国证监会规定的其他职责。

第八条　内地证券公司开展港股通业务，应当遵守法律、行政法规、本规定、中国证监会其他规定及相关业务规则的要求，加强内部控制，防范和控制风险，并根据中国证监会及上海证券交易所、深圳证券交易所投资者适当性管理有关规定，制定相应的实施方案，切实维护客户权益。

第九条　因交易异常情况严重影响内地与香港股票市场交易互联互通机制部分或全部交易正常进行的，上海证券交易所、深圳证券交易所和香港联合交易所可以按照业务规则和合同约定，暂停部分或者全部相关业务活动并予以公告。

第十条　上海证券交易所、深圳证券交易所和香港联合交易所开展内地与香港股票市场交易互联互通机制相关业务，限于规定范围内的股票交易业务和中国证监会认可的其他业务。

第十一条　证券交易服务公司和证券公司或经纪商不得自行撮合投资者通过内地与香港股票市场交易互联互通机制买卖股票的订单成交，不得以其他任何形式在证券交易所以外的场所对通过内地与香港股票市场交易互联互通机制买卖的股票提供转让服务，中国证监会另有规定的除外。

第十二条　境外投资者的境内股票投资，应当遵循下列持股比例限制：

（一）单个境外投资者对单个上市公司的持股比例，不得超过该上市公司股份总数的10%；

（二）所有境外投资者对单个上市公司 A 股的持股比例总和，不得超过该上市公司股份总数的30%。

境外投资者依法对上市公司战略投资的，其战略投资的持股不受上述比例限制。

境内有关法律法规和其他有关监管规则对持股比例的最高限额有更严格规定的，从其规定。

第十三条　投资者依法享有通过内地与香港股票市场交易互

联互通机制买入的股票的权益。

投资者通过港股通买入的股票应当记录在中国证券登记结算公司在香港中央结算公司开立的证券账户。中国证券登记结算公司应当以自己的名义，通过香港中央结算公司行使对该股票发行人的权利。中国证券登记结算公司行使对该股票发行人的权利，应当通过内地证券公司、托管银行等机构事先征求投资者的意见，并按照其意见办理。

中国证券登记结算公司出具的股票持有记录，是港股通投资者享有该股票权益的合法证明。投资者不能要求提取纸面股票，中国证监会另有规定的除外。

投资者通过沪股通、深股通买入的股票应当登记在香港中央结算公司名下。投资者通过沪股通、深股通买卖股票达到信息披露要求的，应当依法履行报告和信息披露义务。

第十四条　对于通过港股通达成的交易，由中国证券登记结算公司承担股票和资金的清算交收责任。对于通过沪股通、深股通达成的交易，由香港中央结算公司承担股票和资金的清算交收责任。

中国证券登记结算公司及香港中央结算公司，应当按照两地市场结算风险相对隔离、互不传递的原则，互不参加对方市场互保性质的风险基金安排；其他相关风险管理安排应当遵守交易结算发生地的交易结算风险管理有关规定。

第十五条　投资者通过内地与香港股票市场交易互联互通机制买卖股票，应当以人民币与证券公司或经纪商进行交收。使用其他币种进行交收的，以中国人民银行规定为准。

第十六条　对违反法律法规、本规定以及中国证监会其他有关规定的，中国证监会依法采取监督管理措施；依法应予行政处罚的，依照《证券法》《行政处罚法》等法律法规进行处罚；涉嫌犯罪的，依法移送司法机关，追究刑事责任。

中国证监会与香港证券及期货事务监察委员会和其他有关国家或地区的证券监督管理机构，通过跨境监管合作机制，依法查处内地与香港股票市场交易互联互通机制相关跨境违法违规活动。

第十七条 上海证券交易所、深圳证券交易所和中国证券登记结算公司依照本规定的有关要求，分别制定内地与香港股票市场交易互联互通机制相关业务规则，报中国证监会批准后实施。

第十八条 证券交易所、证券交易服务公司及结算机构应当妥善保存履行本规定所规定的职责形成的各类文件、资料，保存期限不少于 20 年。

第十九条 本规定自公布之日起施行。2014 年 6 月 13 日发布的《沪港股票市场交易互联互通机制试点若干规定》（证监会令第 101 号）同时废止。

《关于修改〈内地与香港股票市场交易互联互通机制若干规定〉的决定》

一、第十三条第一款修改为："投资者依法享有通过内地与香港股票市场交易互联互通机制买入的股票的权益。沪股通和深股通投资者不包括内地投资者。"

本决定自 2022 年 7 月 25 日起施行。《内地与香港股票市场交易互联互通机制若干规定》根据本决定作相应修改，重新公布。

二、本决定施行前已开通沪股通、深股通交易权限的内地投资者在 2023 年 7 月 23 日前可继续通过沪股通、深股通买卖 A 股。2023 年 7 月 24 日后，上述投资者所持 A 股可继续卖出。

内地与香港股票市场交易互联互通机制若干规定

（2016 年 9 月 29 日中国证券监督管理委员会第 11 次
主席办公会议审议通过；根据 2022 年 6 月 10 日中国证券
监督管理委员会《关于修改〈内地与香港股票市场交易
互联互通机制若干规定〉的决定》修正）

第一条 为了规范内地与香港股票市场交易互联互通机制相关活动，保护投资者合法权益，维护证券市场秩序，根据《证券法》和其他相关法律、行政法规，制定本规定。

第二条 本规定所称内地与香港股票市场交易互联互通机制，是指上海证券交易所、深圳证券交易所分别和香港联合交易所有限公司（以下简称"香港联合交易所"）建立技术连接，使内地和香港投资者可以通过当地证券公司或经纪商买卖规定范围内的对方交易所上市的股票。内地与香港股票市场交易互联互通机制包括沪港股票市场交易互联互通机制（以下简称"沪港通"）和深港股票市场交易互联互通机制（以下简称"深港通"）。

沪港通包括沪股通和沪港通下的港股通。沪股通，是指投资者委托香港经纪商，经由香港联合交易所在上海设立的证券交易服务公司，向上海证券交易所进行申报（买卖盘传递），买卖沪港通规定范围内的上海证券交易所上市的股票。沪港通下的港股通，是指投资者委托内地证券公司，经由上海证券交易所在香港设立的证券交易服务公司，向香港联合交易所进行申报（买卖盘传递），买卖沪港通规定范围内的香港联合交易所上市的股票。

深港通包括深股通和深港通下的港股通。深股通，是指投资者委托香港经纪商，经由香港联合交易所在深圳设立的证券交易服务公司，向深圳证券交易所进行申报（买卖盘传递），买卖深港通规定范围内的深圳证券交易所上市的股票。深港通下的港股通，是指投资者委托内地证券公司，经由深圳证券交易所在香港设立的证券交易服务公司，向香港联合交易所进行申报（买卖盘传递），买卖深港通规定范围内的香港联合交易所上市的股票。

沪港通下的港股通和深港通下的港股通统称港股通。

第三条　内地与香港股票市场交易互联互通机制遵循两地市场现行的交易结算法律法规。

相关交易结算活动遵守交易结算发生地的监管规定及业务规则，上市公司遵守上市地的监管规定及业务规则，证券公司或经纪商遵守所在地的监管规定及业务规则，投资者遵守其委托的证券公司或经纪商所在地的投资者适当性监管规定及业务规则，本规定另有规定的除外。

第四条　中国证券监督管理委员会（以下简称"中国证监会"）对内地与香港股票市场交易互联互通机制相关业务进行监督管理，并通过监管合作安排与香港证券及期货事务监察委员会和其他有关国家或地区的证券监督管理机构，按照公平、公正、对等的原则，维护投资者跨境投资的合法权益。

第五条　上海证券交易所、深圳证券交易所和香港联合交易所开展内地与香港股票市场交易互联互通机制相关业务，应当履行下列职责：

（一）提供必要的场所和设施；

（二）上海证券交易所、深圳证券交易所分别在香港设立证券交易服务公司，香港联合交易所分别在上海和深圳设立证券交易服务公司；对证券交易服务公司业务活动进行管理，督促并协助其履行本规定所赋予的职责；

（三）制定相关业务规则，对市场主体的相关交易及其他活动进行自律管理，并开展跨市场监管合作；

（四）制定证券交易服务公司开展相关业务的技术标准；

（五）对相关交易进行实时监控，并建立相应的信息交换制度和联合监控制度，共同监控跨境的不正当交易行为，防范市场风险；

（六）管理和发布相关市场信息；

（七）中国证监会规定的其他职责。

上海证券交易所、深圳证券交易所应当按照有关监管要求，分别制定港股通投资者适当性管理的具体标准和实施指引，并报中国证监会备案。

上海证券交易所、深圳证券交易所应当制定相关业务规则，要求香港联合交易所及其证券交易服务公司提供有关交易申报涉及的投资者信息。

第六条　证券交易服务公司应当按照证券交易所的相关业务规则或通过证券交易所的相关业务安排履行下列职责：

（一）上海证券交易所证券交易服务公司提供沪港通下的港股通相关服务，深圳证券交易所证券交易服务公司提供深港通下的港股通相关服务；香港联合交易所在上海设立的证券交易服务公司提供沪股通相关服务；香港联合交易所在深圳设立的证券交易服务公司提供深股通相关服务；

（二）提供必要的设施和技术服务；

（三）履行沪股通、深股通或港股通额度管理相关职责；

（四）制定沪股通、深股通或港股通业务的操作流程和风险控制措施，加强内部控制，防范风险；

（五）上海证券交易所、深圳证券交易所设立的证券交易服务公司应当分别制定内地证券公司开展港股通业务的技术标准，并对拟开展业务公司的技术系统进行测试评估；香港联合交易所在上海和深圳设立的证券交易服务公司应当分别制定香港经纪商开展沪股通、深股通业务的技术标准，并对拟开展业务公司的技术系统进行测试评估；

（六）为证券公司或经纪商提供技术服务，并对其接入沪股通、深股通或港股通的技术系统运行情况进行监控；

（七）中国证监会规定的其他职责。

第七条　中国证券登记结算有限责任公司（以下简称"中国证券登记结算公司"）、香港中央结算有限公司（以下简称"香港中央结算公司"）开展内地与香港股票市场交易互联互通机制相关业务，应当履行下列职责：

（一）提供必要的场所和设施；

（二）提供登记、存管、结算服务；

（三）制定相关业务规则；

（四）依法提供名义持有人服务；

（五）对登记结算参与机构的相关活动进行自律管理；

（六）中国证监会规定的其他职责。

第八条　内地证券公司开展港股通业务，应当遵守法律、行政法规、本规定、中国证监会其他规定及相关业务规则的要求，加强内部控制，防范和控制风险，并根据中国证监会及上海证券交易所、深圳证券交易所投资者适当性管理有关规定，制定相应的实施方案，切实维护客户权益。

第九条　因交易异常情况严重影响内地与香港股票市场交易互联互通机制部分或全部交易正常进行的，上海证券交易所、深圳证券交易所和香港联合交易所可以按照业务规则和合同约定，暂停部分或者全部相关业务活动并予以公告。

第十条　上海证券交易所、深圳证券交易所和香港联合交易所开展内地与香港股票市场交易互联互通机制相关业务，限于规定范围内的股票交易业务和中国证监会认可的其他业务。

第十一条　证券交易服务公司和证券公司或经纪商不得自行撮合投资者通过内地与香港股票市场交易互联互通机制买卖股票的订单成交，不得以其他任何形式在证券交易所以外的场所对通过内地与香港股票市场交易互联互通机制买卖的股票提供转让服务，中国证监会另有规定的除外。

第十二条　境外投资者的境内股票投资，应当遵循下列持股比例限制：

（一）单个境外投资者对单个上市公司的持股比例，不得超过该上市公司股份总数的10%；

（二）所有境外投资者对单个上市公司 A 股的持股比例总和，不得超过该上市公司股份总数的30%。

境外投资者依法对上市公司战略投资的，其战略投资的持股不受上述比例限制。

境内有关法律法规和其他有关监管规则对持股比例的最高限额有更严格规定的，从其规定。

第十三条　投资者依法享有通过内地与香港股票市场交易互联互通机制买入的股票的权益。沪股通和深股通投资者不包括内地投资者。

投资者通过港股通买入的股票应当记录在中国证券登记结算公司在香港中央结算公司开立的证券账户。中国证券登记结算公司应当以自己的名义，通过香港中央结算公司行使对该股票发行人的权利。中国证券登记结算公司行使对该股票发行人的权利，应当通过内地证券公司、托管银行等机构事先征求投资者的意见，并按照其意见办理。

中国证券登记结算公司出具的股票持有记录，是港股通投资者享有该股票权益的合法证明。投资者不能要求提取纸面股票，中国证监会另有规定的除外。

投资者通过沪股通、深股通买入的股票应当登记在香港中央结算公司名下。投资者通过沪股通、深股通买卖股票达到信息披露要求的，应当依法履行报告和信息披露义务。

第十四条　对于通过港股通达成的交易，由中国证券登记结算公司承担股票和资金的清算交收责任。对于通过沪股通、深股通达成的交易，由香港中央结算公司承担股票和资金的清算交收责任。

中国证券登记结算公司及香港中央结算公司，应当按照两地市场结算风险相对隔离、互不传递的原则，互不参加对方市场互保性质的风险基金安排；其他相关风险管理安排应当遵守交易结算发生地的交易结算风险管理有关规定。

第十五条　投资者通过内地与香港股票市场交易互联互通机制买卖股票，应当以人民币与证券公司或经纪商进行交收。使用其他币种进行交收的，以中国人民银行规定为准。

第十六条　对违反法律法规、本规定以及中国证监会其他有关规定的，中国证监会依法采取监督管理措施；依法应予行政处罚的，依照《证券法》《行政处罚法》等法律法规进行处罚；涉嫌犯罪的，依法移送司法机关，追究刑事责任。

中国证监会与香港证券及期货事务监察委员会和其他有关国家或地区的证券监督管理机构，通过跨境监管合作机制，依法查处内地与香港股票市场交易互联互通机制相关跨境违法违规活动。

第十七条　上海证券交易所、深圳证券交易所和中国证券登记结算公司依照本规定的有关要求，分别制定内地与香港股票市场交易互联互通机制相关业务规则，报中国证监会批准后实施。

第十八条　证券交易所、证券交易服务公司及结算机构应当妥善保存履行本规定所规定的职责形成的各类文件、资料，保存期限不少于 20 年。

第十九条　本规定自公布之日起施行。《沪港股票市场交易互联互通机制试点若干规定》（证监会令第 101 号）同时废止。

《关于修改〈内地与香港股票市场交易互联互通机制若干规定〉的决定立法说明》

沪深港通机制开通以来整体运行平稳，在扩大资本市场双向开放，引入境外长期资金，增加内地居民境外投资渠道方面发挥了积极作用。为进一步完善沪深港通机制，我会修订《内地与香港股票市场交易互联互通机制若干规定》（证监会令第 128 号，以下简称《规定》）。现将有关修订情况说明如下：

一　修订背景

近年来，有部分内地投资者在香港开立证券账户及北向交易权限，通过沪深股通交易 A 股。目前此类交易总体规模不大，交易金额在北向交易中的占比保持在 1% 左右。投资者数量约有 170 万名，但大部分无实际交易，近三年有北向交易的内地投资者约有 3.9 万名。此类证券活动与沪深股通引入外资的初衷不符，且这些投资者中大多数已开立内地证券账户可直接参与 A 股交易，两种途径交易有发生跨境违规活动的风险，也给市场造成了北向交易中有不少所谓"假外资"的印象，不利于沪深港通的平稳运行和长远发展。为统筹金融开放和安全，依法加强对跨境证券活动的监管，保护内地投资者合法权益，稳定市场预期，维护沪深港通平稳运行，我会决定修订《规定》，规范内地投资者返程交易行为，对所谓"假外资"从严监管。

二　修订内容

本次将《规定》第十三条第一款修订为，"投资者依法享有通过内地与香港股票市场交易互联互通机制买入的股票的权益。沪股通和深股通投资者不包括内地投资者。"沪深交易所同步修订的沪深港通业务实施办法对内地投资者具体范围等做进一步明确，内地投资者包括"持有中国内地身份证明文件的中国公民和在中国内地注册的法人及非法人组织，不包括取得境外永久居留身份证明文件的中国公民。"

为顺利推进规范工作，保护存量投资者的合法权益，我们做了过渡期安排。自规则实施之日起，香港经纪商不得再为内地投资者新开通沪深股通交易权限。政策实施之日起 1 年为过渡期，过渡期内，存量内地投资者可继续通过沪深股通买卖 A 股。过渡期结束后，存量投资者不得再通过沪深股通主动买入 A 股，所持 A 股可继续卖出；无持股内地投资者的交易权限由香港经纪商及时注销。

三　征求意见及采纳情况

2021 年 12 月 17 日至 2022 年 1 月 16 日，我会就修订《规定》向社会公开征求意见。征求意见期间，共收到相关意见建议 8 条。所提意见主要集中在进一步明确内地投资者范围等操作层面，我们对相关意见建议作了认真研究，对部分合理意见进行了吸收。

下一步，证监会将坚定不移稳步推进资本市场高水平双向开放，持续完善沪深港通机制，便利境外投资者投资 A 股市场，深化跨境监管执法协作，切实维护沪深港通和两地市场的平稳运行和健康发展。

特此说明。

《全国银行间同业拆借中心"债券通"交易规则（试行）》

第一章　总则

1.1　为保证"债券通"业务规范、有序开展，根据中国人民银行（以下简称"人民银行"）和香港金融管理局关于"债券通"的联合公告，人民银行《内地与香港债券市场互联互通合作管理暂行办法》（中国人民银行令〔2017〕第 1 号）、《全国银行间债券市场债券交易管理办法》（中国人民银行令〔2000〕第 2 号）、中国人民银行公告〔2015〕第 9 号，全国银行间同业拆借中心（以下简称"交易中心"）《全国银行间市场债券交易规则》（中汇交发〔2010〕第 283 号）（以下简称《债券交易规则》）、《全国银行间同业拆借中心债券交易流通规则》（中汇交发〔2015〕第 203 号，以下简称《流通规则》）及其他相关业务规则，制定本规则。

1.2　本规则所称"债券通"，是指境内外投资者通过内地与香港债券市场基础设施机构连接，买卖两个市场交易流通债券的机制安排。

本规则适用于"北向通"。"北向通"是指境外投资者通过内地与香港债券市场基础设施的互联互通，投资于内地银行间债券市场的机制安排。

1.3　交易中心为"北向通"提供交易服务。参与"北向通"交易的境内外投资者（以下简称"'北向通'投资者"）、经人民银行认可的接入交易中心系统并为境外投资者提供客户端的境外电子交易平台（以下简称"境外电子交易平台"）、承担支持"北向通"相关交易服务职能的机构（以下简称"'北向通'交易服务机构"），开展"北向通"交易相关业务应遵守本规则。

1.4　上述机构开展"北向通"业务，应遵守内地相关法律、行政法规、部门规章、规范性文件和业务规则。"北向通"交易服务机构应当为境外投资者了解内地相关法律和规则、业务流程、市场信息等提供必要的便利和指引。

1.5　"北向通"投资者开展"北向通"交易，应遵循公平、诚信的原则，并按银行间债券市场相关规定履行交易信息披露和报告义务。

第二章　投资者管理

2.1　参与"北向通"交易的境外投资者，应符合中国人民银行公告〔2016〕第3号、《关于境外央行、国际金融组织、主权财富基金运用人民币投资银行间市场有关事宜的通知》（银发〔2015〕220号）等规定的银行间债券市场准入条件。

2.2　境外投资者入市流程按照交易中心制定的入市指引办理。交易中心可代符合条件的境外投资者办理银行间债券市场准入备案，并开立交易账户。开立交易账户后，境外投资者成为交易中心交易成员。

2.3　交易中心定期将境外投资者交易账户开立情况向人民银

行上海总部报告。

2.4 交易中心组织"北向通"报价机构（以下简称"报价机构"），为境外投资者持续提供报价。

2.5 报价机构应是具备较强的报价、定价能力，且具有良好国际声誉的做市机构，具备支持"北向通"业务持续稳定开展的人员、制度和设施，以及其他为债券市场提供流动性所必要的能力。

2.6 报价机构参与"北向通"业务，应与交易中心签署相关协议，约定双方权利和义务。

第三章　市场基本规则

3.1 "北向通"交易的品种为现券买卖，可交易的券种为银行间债券市场交易流通的各类债券，包括国债、地方政府债、中央银行债券、金融债券、公司信用类债券、同业存单、资产支持证券等。

3.2 "北向通"交易日为内地银行间债券市场交易日。

3.3 "北向通"交易时间为内地银行间债券市场交易时间，具体为每个交易日北京时间上午 9：00—12：00，下午 13：30—16：30。

3.4 "北向通"结算方式为券款对付（DVP）。

3.5 "北向通"交易应符合人民银行、国家外汇管理局关于资金跨境流动管理等各项规定。

3.6 "北向通"交易手续费参照银行间债券市场交易收费规则执行。

3.7 交易中心定期向财政部报送"北向通"国债、地方政府债报价交易数据，并与债券登记托管结算机构建立信息共享及沟通机制。

第四章　报价交易

4.1　"北向通"交易的基本流程为：境外投资者通过境外电子交易平台发送交易指令，交易指令传输至交易中心系统，最终与交易对手方在交易中心系统达成交易。

4.2　"北向通"采取请求报价等方式进行交易。经人民银行同意，交易中心可根据市场情况、境外电子交易平台情况调整"北向通"交易方式。

4.3　"北向通"请求报价

"北向通"请求报价的基本流程为：境外投资者通过境外电子交易平台向报价机构发送只含量、不含价的报价请求，报价请求实时传输至交易中心系统；报价机构通过交易中心系统向境外投资者回复可成交价格；境外投资者确认价格并在交易中心系统达成交易。

4.3.1　境外投资者发送报价请求

（1）境外投资者可向一家或多家报价机构发送报价请求，报价请求的交易要素包括：交易方向、债券代码、券面总额、请求有效时间、清算速度等。

（2）境外投资者可设定请求有效时间，最长为 1 个小时。请求报价流程时间超过请求有效时间，交易自动终止。

（3）境外投资者发送报价请求的请求量最低为 100 万元人民币，最小变动单位为 100 万元人民币。

4.3.2　报价机构进行报价回复

（1）报价机构应尽力以合理价格及时回复境外投资者的报价请求。

（2）对于收到的报价请求，报价机构可提交具名、全量并带有净价、到期收益率、回复有效时间等交易要素的报价回复，也可选择拒绝回复。

（3）报价机构应在境外投资者设定的请求有效时间内进行报价回复，并可在请求有效时间的范围内设定回复有效时间。

（4）报价机构可拒绝、撤销或修改已提交且境外投资者未确认的报价回复。

4.3.3　境外投资者确认成交

对于收到的报价回复，境外投资者可在报价机构设置的回复有效时间内，选择一笔确认成交，其他报价回复自动失效。

4.3.4　交易达成

境外投资者确认成交后，交易中心交易系统生成成交单。报价机构、境外投资者、债券登记托管结算机构根据成交信息办理结算。

4.4　境外投资者委托结算代理人代其交易的，按照交易中心现行交易规则执行。

第五章　市场监测、处置与信息披露

5.1　"北向通"投资者交易及信息披露行为违反或可能违反本规则及银行间债券市场相关规定的，交易中心可进行调查。

交易中心可直接向"北向通"投资者了解情况，也可授权"北向通"交易服务机构向境外投资者了解情况。"北向通"投资者、境外电子交易平台、"北向通"交易服务机构等应配合交易中心调查，并根据要求向交易中心提供相关资料及证明文件。

5.2　交易中心根据《债券交易规则》等业务规则，对"北向通"以下异常交易行为进行重点监测：

（1）频繁发送不反映真实交易意向的报价量；

（2）报价回复价格、成交价格严重偏离市场公允价格；

（3）以任何形式操纵市场、进行内幕交易，扰乱市场秩序；

（4）未按成交信息履行结算义务，多次出现结算失败；

（5）人民银行、交易中心认定的其他违规行为。

"北向通"投资者发生上述异常交易情形的，交易中心视情节轻重采取口头或书面警告、通报批评、公开谴责、暂停或取消"北向通"交易权限等措施。

5.3　"北向通"交易双方交易达成后如出现结算失败情形，应及时向交易中心提交结算失败说明。境外投资者可通过"北向通"交易服务机构提交。

5.4　出现《流通规则》规定需进行信息披露的关联交易等特定交易行为情形，交易双方应及时通过交易中心进行信息披露。"北向通"交易服务机构应为境外投资者信息披露相关操作提供必要的指引。境外投资者需提交相关材料的，由"北向通"交易服务机构代为提交至交易中心。

5.5　"北向通"投资者、"北向通"交易服务机构、境外电子交易平台等应积极配合交易中心开展相关工作。

第六章　附则

6.1　本规则以及交易要素、成交单内容等交易相关信息以中文为准。

6.2　交易相关数据以交易中心系统记录的数据为准。交易中心对其系统中产生的任何信息、数据具有完全的知识产权。

6.3　本规则由交易中心负责解释和修订。

6.4　本规则自发布之日起实施。

《全国银行间同业拆借中心债券通"南向通"交易规则》

第一章　总则

第一条　为支持"债券通"业务全面、有序开展，根据《中国人民银行关于开展内地与香港债券市场互联互通南向合作的通知》（银发〔2021〕235号，以下简称《通知》），经中国人民银行（以下简称人民银行）同意，制定本规则。

第二条　"南向通"是指境内债券市场机构投资者（以下简称境内投资者）经由内地与香港相关基础服务机构之间在交易、托管、结算等方面互联互通的机制安排，投资于香港债券市场。通过全国银行间同业拆借中心（以下简称"交易中心"）开展的"南向通"交易活动适用本规则。

第二章　参与流程

第三条　符合《通知》要求的境内投资者通过交易中心开展"南向通"相关业务，应根据《全国银行间同业拆借中心债券通"南向通"业务申请指南》向交易中心提交"南向通"业务申请，并同意由为其托管债券的境内托管银行（以下简称"境内托管行"）向交易中心提供结算路径信息。

在交易中心系统（以下简称"交易系统"）中已有交易账户的境内投资者，交易中心在交易系统中为其开通"南向通"交易权限，记录并维护其机构信息（含交易员信息，以下同）、托管结算路径信息等信息（以下简称"交易必要信息"）；尚无交易账户的，交易中心将在交易系统中为其开立交易账户，开通"南向通"交易权限，记录并维护其交易必要信息。开立交易账户后，境内投资者成为交易中心交易成员。

第四条　与境内投资者开展"南向通"报价交易业务的境外交易对手（以下简称"'南向通'报价商"），应是符合《通知》规定的做市商。"南向通"报价商在开展业务前，应向交易中心提交《全国银行间同业拆借中心"南向通"报价商业务信息表》，交易中心据此在交易系统中记录并维护"南向通"报价商的交易必要信息。交易系统根据"南向通"报价商提交的交易必要信息识别"南向通"报价商发送的报价等交易信息，"南向通"报价商应据此承担行为后果。

第五条　境内投资者、"南向通"报价商及境内托管行提交的交易必要信息发生变更的，应立即通知交易中心并更新相关信息。交易中心不对因上述信息提供不准确、不完整或信息更新不及时导致的任何后果或损失承担责任。

第六条　境内投资者、"南向通"报价商开展"南向通"交易活动，视为同意交易中心根据内地与香港相关法律法规和监管规定，向内地与香港监管机构提供机构信息、交易信息等相关资料信息，以及为满足交易活动开展的需要向境外交易平台提供必要资料信息。

第七条　境内投资者及"南向通"报价商不再符合内地与香港监管机构"南向通"参与要求或失去相关资质的，应及时告知交易中心，交易中心将据此暂停或关闭其"南向通"交易权限。

第八条　境内投资者与"南向通"报价商开展"南向通"交易，应遵循内地与香港市场相关法律法规和监管规定。承担支持"南向通"相关交易服务职能的机构（以下简称"'南向通'交易服务机构"）为"南向通"报价商了解相关业务规则、业务流程、市场信息等提供必要的便利和支持。

第三章　一般规则

第九条　"南向通"交易服务品种初期为现券买卖，可交易的债券为符合《通知》规定的在香港市场交易流通的债券。交易中心在交易系统公布可交易债券清单，并根据市场情况及境内投资者需求不时予以更新。

第十条　"南向通"交易服务日（以下简称"交易服务日"）为内地银行间债券市场的交易日。交易服务时间为内地银行间债券市场交易时间，具体为每个交易日北京时间上午 9：00—12：00，下午 13：30—20：00。

第十一条　"南向通"报价、交易及结算币种为标的债券发行条款中约定的币种（以下简称"票面币种"）。

第十二条　交易中心定期向人民银行报送"南向通"相关交易情况，并与境内债券登记托管结算机构及境内托管行等机构建立信息共享及沟通机制。

第四章　报价交易

第十三条　"南向通"采用请求报价方式进行交易。交易中心可与境外交易平台建立连接提供"南向通"交易服务。

第十四条　交易中心通过交易系统向境内投资者展示"南向通"报价商意向报价信息，境内投资者可查看意向报价信息并向"南向通"报价商发送报价请求。

第十五条　境内投资者可向一家或多家"南向通"报价商发送报价请求，报价请求的交易要素包括：交易方向、债券代码、券面总额、结算日等。境内投资者发送报价请求时，应选择该笔交易使用的境内债券托管结算机构及托管账户。

境内投资者可设定请求有效时间，超过请求有效时间，请求自动撤销。

境内投资者发送报价请求的最低请求量和最小变动单位应符合标的债券发行条款中约定。

第十六条　对于收到的报价请求，"南向通"报价商可回复具名并带有可成交债券数量、净价、到期收益率等交易要素的报价回复，也可选择不予回复。"南向通"报价商可设置报价有效时间，超出报价有效时间且未被境内投资者确认的，报价失效。

第十七条　"南向通"报价商通过境外交易平台发送报价的，视为认可境外交易平台基于相关债券的发行条款及所在市场惯例，根据其报价回复内容计算的相关债券价格、收益率、应计利息、交易结算金额等交易要素信息，以及交易中心通过交易系统向境内投资者展示该等信息并供境内投资者据此进行确认。

第十八条　对于收到的报价回复，境内投资者可在请求及报价有效时间内选择一笔报价进行确认，其他报价回复自动失效。

第十九条　"南向通"报价商可视境外交易平台功能启用报价商再确认（Last look）环节。设置报价商再确认环节的，境内投资者确认报价后，"南向通"报价商再确认成功的，交易达成。未设置报价商再确认环节的，境内投资者确认报价后，交易达成。交易中心和境外交易平台建立连接，实时交互已达成交易的交易要素信息。

第二十条　交易达成后，交易中心通过交易系统向境内投资者及"南向通"报价商提供成交单，成交单载有交易双方在交易过程中达成一致的交易要素信息及交易必要信息。"南向通"报价商通过境外交易平台参与交易的，境外交易平台向其提供交易双方在交易过程中达成一致的交易要素信息。交易双方应根据双方达成一致的交易结果完成结算。

第二十一条　交易中心及时将成交信息发送至境内投资者、境内托管行或境内债券登记托管结算机构用于处理和结算。

第二十二条　境内投资者应根据真实交易意图向"南向通"报价商发起询价。"南向通"报价商的回复询价及提供报价行为应符合香港监管机构的要求。

第二十三条　境内投资者可为其他境内投资者提供参与"南向通"交易的辅助服务，具体规则由交易中心另行制定。

第二十四条　境内投资者可在交易系统查看境外债券信息、报价信息等"南向通"市场信息并用于交易参考，未经授权不得以任何方式下载、记录或向任何其他机构、个人提供，也不得用于制作指数或其他衍生产品。

第五章　运行监测

第二十五条　交易中心根据《通知》中关于额度的相关要求，根据人民银行上海总部记载的额度使用情况及境内投资者交易情况，实时监控"南向通"交易服务中的额度使用情况。额度使用完毕的，交易中心即时暂停向境内投资者提供买入境外债券的交易服务，境内投资者仍可卖出境外债券。未在结算日完成结算的，境内投资者应在次一交易服务日内向交易中心说明，交易中心据以调整额度使用记录。

第二十六条　交易中心根据本规则及"南向通"相关监管规定及规则对"南向通"报价、交易进行监测，发现异常的，可向交易双方及其他相关方了解情况，也可授权"南向通"交易服务机构向"南向通"报价商了解情况。交易双方及其他相关方应配合交易中心调查。交易中心认为可能存在违规行为或风险事件的，将及时向人民银行报告。

第二十七条　境内投资者、"南向通"报价商、境外交易平台等发现参与机构涉嫌严重违规情形的，可向交易中心举报。交易中心有合理理由认为相关参与机构存在严重违规情形、可能或已经对"南向通"造成较大不良影响的，可以暂停相关机构的系统权限并报告人民银行。

第六章　附则

第二十八条　本规则有关交易基本规则、对境内投资者的交易监测及服务的未尽事宜，参照《全国银行间市场债券交易规则》（中汇交发〔2010〕第 283 号）、《全国银行间同业拆借中心债券交易流通规则》（中汇交发〔2015〕第 203 号）及其他债券市场相关业务规则执行。境内投资者通过交易系统认购境外债券的，权限开通、一般规则及运行监测等事宜参照本规则执行。

第二十九条　交易中心对"南向通"交易活动中产生的成交数据和交易系统生成的信息、数据具有全部的知识产权、所有权及其他财产权利。

第三十条　任何通过交易用户在交易系统中进行的操作，均被视为是该交易用户所属的参与机构的行为，由该参与机构承担相应的行为后果。

第三十一条　交易中心可根据监管要求暂停"南向通"交易并及时向市场通知。

第三十二条　"南向通"交易服务初期暂免交易服务费。交易中心有权根据"南向通"交易服务运营情况发布收费方案。

第三十三条　交易中心有权根据"南向通"交易服务运营情况调整交易服务品种、交易服务日、交易服务时间、交易方式以及交易过程中的约束参数等，并向市场另行通知。

第三十四条　本规则由交易中心负责解释和修订。

第三十五条　本规则自发布之日起实施。

参考文献

中文文献

陈建安：《外国直接投资与东南亚金融危机》，载《世界经济文汇》2000年第1期。

戴建中：《拉美债务危机和东南亚金融危机比较研究》，载《国际金融研究》1999年第8期。

郭根龙、冯宗宪：《金融服务贸易市场开放次序的经验及一般逻辑》，载《经济与管理研究》2004年第3期。

郭妍、张立光：《外资银行进入对我国银行业影响效应的实证研究》，载《经济科学》2005年第2期。

黄景贵：《东南亚金融危机及其对发展中国家的启示》，载《海南大学学报》1999年第2期。

李晓峰、王维、严佳佳：《外资银行进入对我国银行效率影响的实证分析》，载《财经科学》2006年第8期。

乔纳森·特南鲍姆、汪利娜：《世界经济与金融秩序的全面大危机：金融艾滋病》，载《经济学动态》1995年第11期。

史建平：《国有商业银行改革应慎重引进外国战略投资者》，载《财经科学》2006年第1期。

孙兆斌、方先明：《外资银行进入能促进中国银行业效率的提高吗?》，载《当代财经》2007 年第 10 期。

谈世中：《中国金融开放的战略抉择》，社会科学文献出版社 2002 年版。

汪叔夜、黄金老：《当前在华外资银行的业务发展竞争战略分析》，载《国际金融研究》2005 年第 2 期。

王锦丹、刘桂荣：《基于外资参股中国银行业情况下银行经营效率的实证研究》，载《经济研究导刊》2010 年第 4 期。

王劲松、张克勇：《外资银行的进入对我国银行业绩效影响的实证分析》，载《兰州大学学报》2008 年第 7 期。

吴玉立：《境外投资者对中国银行业影响的实证分析》，载《经济评论》2009 年第 1 期。

谢升峰、李慧珍：《外资银行进入对国内银行业盈利能力的影响－基于面板数据的实证分析》，载《经济学动态》2009 年第 11 期。

邢毓静、丁安华：《粤港澳大湾区金融融合发展研究》，中国金融出版社 2019 年版。

杨涛：《开放金融：理论、实践与监管》，社会科学文献出版社 2020 年版。

占硕：《我国银行业引进战略投资者风险研究：控制权租金引发的股权转移和效率损失》，载《财经研究》2005 年第 1 期。

张斌：《百年来国外主要经济金融危机分析》，载《中国金融》2007 年第 19 期。

张来明、张瑾：《亚洲金融危机回顾与思考》，载《中国经济时报》2022 年 8 月 18 日第 001 版。

郑永年、黄彦杰：《制内市场：中国国家主导型政治经济学》，浙江人民出版社 2021 年版。

郑永年:《开放中国: 新时代新格局》, 外文出版社 2023 年版。

朱盈盈、李平、曾勇等:《引资、引智与引制: 中资银行引进境外战略投资者的实证研究》, 载《中国软科学》2010 年第 8 期。

英文文献

Aaditya Mattoo, "Developing Countries in the New Round of GATS Negotiations: Towards a Pro-Active Role", *The World Economy*, Vol. 23, No. 4, 2000.

Aaditya Mattoo, "Financial Services and the WTO: Liberalization Commitments of the Developing and Transitional Economies", *The World Economy*, Vol. 23, No. 3, 200.

Adolfo Barajas et al., "The Impact of Liberalization and Foreign Investment in Colombia's Financial Sector", *Journal of Development Economics*, Vol. 63, No. 1, 2000.

Alexei P. Kireyev, "Liberalization of Trade in Financial Services and Financial Sector Stability", IMF Working Papers No. WP/02/138 and No. WP/02/139, 2002.

Allen N. Berger et al., "Bank Ownership and Efficiency in China: What Will Happen in the World's Largest Nation?", *Journal of Banking and Finance*, Vol. 33, No. 1, 2009.

Allen N. Berger, Robert D. Young, and Gregory F. Udell, "Efficiency Barriers to Consolidation of the European Financial Services Industry", *European Financial Management*, Vol. 7, No. 1, 2001.

Amy Glass and Kamal Saggi, "Intellectual Property Rights and Foreign Direct Investment", *Journal of International Economics*, Vol. 56,

No. 1, 2002.

Beatriz Armendariz de Aghion, "Development Banking", *Journal of Development Economics*, Vol. 58, No. 1, 1999.

Benjamin J. Cohen, *Currency Power: Understanding Monetary Rivalry* (Princeton, NJ: Princeton University Press 2015).

Benjamin J. Cohen, "The Yuan Tomorrow? Evaluating China's Currency Internationalisation Strategy", *New Political Economy*, Vol. 17, No. 3, 2012.

Carmen M. Reinhart, "Some Parallels Between Currency and Banking Crises: A Comment", *MPRA Paper*, No. 13197, 1999.

ChangPhilip, G. Karsenty, A. Mattoo and J. Richtering, "GATS, the Modes of Supply and Statistics on Trade in Services", *Journal of World Trade*, Vol. 33, No. 3, 1999.

Chen Weitseng, "Lost in internationalization: Rise of the Renminbi, macroprudential policy, and global impacts", *Journal of International Economic Law*, Vol. 21, No. 1, 2018.

Chen Zhian, Donghui Li and F. Moshirian, "China's Financial Services Industry: The Intra Industry Effects of Privatization of the Bank", *Journal of Banking and Finance*, Vol. 29, No. 8-9, 2005.

Cheung Yin-Wong and Matthew Yiu, "Offshore Renminbi Trading: Findings from the 2013 Triennial Central Bank Survey", *International Economics*, Vol. 152, 2017.

Chey Hyoung-kyu and Minchung Hsu, "The Impacts of Policy Infrastructures on the International Use of the Chinese Renminbi: A Cross-Country Analysis", *Asian Survey*, Vol. 60, No. 2, 2020.

Chey Hyoung-kyu and Vic Li, "Chinese Domestic Politics and the Internationalization of the Renminbi", *Political Science Quarterly*, Vol. 135, No. 1, 2020.

Chey Hyoung-kyu, G. Y. Kimand D. H. Lee, "Which Foreign States Support the Global Use of the Chinese Renminbi? The International Political Economy of Currency Internationalization", *World Economy*, Vol. 42, Issue 842, 2019.

Chey Hyoung-kyu, "Renmibi in Ordinary Economies: A Demand-Side Study of Currency Globalization", *China and World Economy*, Vol. 23, No. 3, 2015.

Chey Hyoung-kyu, "The international politics of reactive currency statecraft: Japan's reaction to the rise of the Chinese Renminbi", *New Political Economy*, Vol. 24, No. 4, 2019.

Chiesa Gabriella, "Incentive-based Lending Capacity, Competition and Regulation in Banking", *Journal of Financial Intermediation*, Vol. 10, No. 1, 2001.

Christopher A. McNally, "The Political Economic Logic of RMB Internationalization: A Study in Sino-Capitalism," *International Politics*, Vol. 52, No. 6, 2015.

Daniel McDowelland Steinberg, D. A. , "Systemic Strengths, Domestic Deficiencies: The Renminbi's Future as a Reserve Currency", Journal of Contemporary China, Vol. 26, No. 8, 2 017.

Daniel Rosen, B. Carfagno and L. Wright, "*Financial decoupling: what are we really talking about?*", in *China Marco*, October 10, 2019. Rhodium Group.

Eichengreen Barry, "Currency War or International Policy Coordination?", *Journal of Policy Modelling*, Vol. 35, No. 3, 2013.

Eric Helleiner and Jonathan Kirshner（eds.），*The Great Wall of Money：Power and Politics in China's International Monetary Relations*（Ithaca，NY：Cornell University Press，2014）.

Eswar S. Prasad. *Gaining Currency：The Rise of the Renminbi*（New York，NY：Oxford University Press 2017）.

Fariborz Moshirian，"Financial Services：Global Perspectives"，*Journal of Banking and Finance*，Vol. 28，No. 2，2004.

Garcia-Herrero Alicia and Daniel Navia，"Foreign Banks and Financial Stability in the New Europe"，in D. Masciandaro eds. Financial *Intermediation in the New Europe：Banks，Markets and Regulation in EU Accession Countries*，Edward Elgar Publishing Inc.，2004.

George Clarke and R. Cull，"Bank Privatization in Argentina：A Model of Political Constraints and Differential Outcomes"，*World Bank Working Paper*，No. 2633，1999.

George Clarke et al.，"Foreign Bank Entry：Experience，Implications for Developing Economies and Agenda for Further Research"，*The World Bank Research Observer*，Vol. 18，2003.

He Dongand Yu Xiangrong，"Network Effects in Currency Internationalisation：Insights from BIS Triennial Surveys and Implications for the Renminbi"，*Journal of International Money and Finance*，Vol. 68，2016.

Henry Farrell and A. L. Newman，"Weaponized Interdependence：How Global Economic Networks Shape State Coercion"，*International Security*，Vol. 44，No. 1，2019.

Hyman P. Minsky，*Stabilizing an Unstable Economy*（New Haven：Yale University Press 1986）.

Hyun E. Kim and Byung-Yoon Lee, "The Effects of Foreign Bank Entry on the Performance of Private Domestic Banks", *Bank of Korea Working Paper*, 2004.

Jeremy Greenand Julian Gruin, "RMB transnationalization and the infrastructural power of international financial centres", *Review of International Political Economy*, Vol. 28, No. 4, 2021.

J. Gillespie, "Financial Services Liberalization in the WTO", *WTO Working Paper*, 2000.

J. Marcus Fleming, "Domestic Financial Policies under Fixed and under Floating Exchange Rates", *International Monetary Fund Staff Papers*, Vol. 9, No. 3, 1962.

Johannes Petry, "Financialization with Chinese Characteristics? Exchanges, Control and Capital Markets in Authoritarian Capitalism", *Economy and Society*, Vol. 49, No. 2, 2020.

John Agnew, "Putting politics into economic geography", In Jamie Peck, Eric Sheppard, and Trevor Barnes (Eds.), *The Wiley-Blackwell Companion to Economic Geography* (Blackwell 2012).

J. Sachs, A. Tornell and A. Velasco, "The Collapse of the Mexican Peso: What Have We Learned?", NBER Working Paper, No. 5142, 1995.

J. Stiglitz, "The Role of the State in Financial Market", *World Bank Annual Conference on Development Economics*, 1993.

Juan Carlos Martinez Oliva, "China's Power and the International Use of the RMB," in Domenico Lombardi and Hongying Wang (eds.), *Enter the Dragon: China in the International Financial System* (Waterloo, ON: Centre for International Governance Innovation,

2015）．

J. Uiboupin，"Short-term Effects of Foreign Bank Entry on Bank Per-
formance in Selected CEE Countries"，Bank of Estonia Working
Papers，No. 4，2005.

Julian Gruin，*Communists Constructing Capitalism*：*State*，*Market*，*and*
Party in China's Financial Reform（Manchester University Press
2019）．

Julian Gruin，"The Offshore City，Chinese Finance，and British Capi-
talism：Geo-economic Rebalancing under the Coalition Govern-
ment"，*The British Journal of Politics and International Relations*，
Vol. 20，No. 2，2018.

J. Wahba and M. Mahmoud，"Liberalizing Trade in Financial Services：
The Uruguay Round and the Arab Countries"，World Develop-
ment，Vol. 26，No. 7，1998.

Laura-Marie Töpferand Sarah Hall，"London's Rise as an Offshore RMB
Financial Centre：State-Finance Relations and Selective Institution-
al Adaptation"，*Regional Studies*，Vol. 52，No. 8，2018.

Linda Weiss，"Infrastructural power，economic transformation，and
globalization"，In John Halland Ralph Schroeder（eds.），*An A-
natomy of power*：*The Social Theory of Michael Mann*（Cambridge
University Press 2006）．

Lin，Zhitao，Wenjie Zhan and Yin-Wong Cheung，"China's Bilateral
Currency Swap Lines"，*China and World Economy*，Vol. 24，
No. 6，2016.

Natalia Tamirisa et al. "Trade Policy in Financial Services"，*IMF*
Working Papers No. 00/31，2000.

Pacheco Pardo, R. , J. Knoerichand Y. Li, "The Role of London and Frankfurt in Supporting the Internationalization of the Chinese Renminbi", *New Political Economy*, Vol. 24, No. 4, 2019.

Paola Subacchi, *The People's Money: How China Is Building a Global Currency* (New York: Columbia University Press, 2016).

Park, Y. C. , "RMB Internationalization and Its Implications for Financial and Monetary Cooperation in East Asia" *China and World Economy*, Vol. 18, No. 2, 2010.

PeterZajc, "The Effect of Foreign Bank Entry on Domestic Banks in Central and Eastern Europe ", *Paper for SUERF Colloquium*, 2002.

Philip Harms, A. Mattoo and L. Schuknecht, "Explaining Liberalization Commitments in Financial Services Trade", *World Bank Policy Research Working Paper*, No. 2999, 2003.

Qian Ying, "Financial Services Liberalization and GATS: Analysis of the Commitments under the General Agreement on Trade in Services at the World Trade Organization", *The 2nd Annual Conference of PECC Finance Forum*, 2003.

Randall Germain and H. M. Schwartz, "The Political Economy of Currency Internationalization: The Case of the RMB", *Review of International Studies*, Vol. 43, No. 4, 2017.

Ren Yinghua, Lin Chenand Ye Liu, "The Onshore – Offshore Exchange Rate Differential, Interest Rate Spreads, and Internationalization: Evidence from the Hong Kong Offshore Renminbi Market", *Emerging Markets Finance and Trade*, Vol. 54, No. 13, 2018.

Richard C. K. Burdekinand Ran Tao, An empirical examination of factors driving the offshore renminbi market, China Economic Journal, Vol. 10, No. 3, 2017.

RobertA. Mundell, "Capital Mobility and Stabilization Policy under Fixed and Flexible Exchange Rates", *The Canadian Journal of Economics and Political Science*, Vol. 29, No. 4, 1963.

Robert Lensink and N. Hermes, "The Short-term Effects of Foreign Bank Entry on Domestic Bank Behaviour: Does Economic Development Matter?", *Journal of Banking and Finance*, Vol. 28, No. 3, 2004.

Sarah Hall, "Regulating the geographies of market making: Offshore renminbi markets in London's international financial district", *Economic Geography*, Vol. 94, No. 3, 2018.

Sarah Hall, "Rethinking international financial centres through the politics of territory: Renminbi internationalisation in London's financial district", *Transactions of the Institute of British Geographers*, Vol. 42, No. 4, 2017.

Steven Liaoand Daniel McDowell, "No reservations: International Order and Demand for the Renminbi as a Reserve Currency", *International Studies Quarterly*, Vol. 60, No. 2, 2015.

Steven Liaoand Daniel McDowell, "Redback Rising: China's Bilateral Swap Agreements and Renminbi Internationalization", *International Studies Quarterly*, Vol. 59, No. 3, 2015.

Steven Vogel, *Marketcraft: How Governments Make Markets Work* (New York, NY: Oxford University Press 2018).

Stijn Claessens, A. Demirguc Kunt and H. Huizinga, "How Does Foreign Presence Affect Domestic Banking Markets", *Journal of Banking and Finance*, Vol. 25, No. 5, 2001.

Stijn Claessens, A. Demirguc-Kunt and H. Huizinga, "The Role of Foreign Banks in Domestic Banking Systems", *World Bank Working Paper*, No. 1918, 1998.

Stijn Claessens and L. Laeven, "What Drives Bank Competition? Some International Evidence", Journal of Money, *Credit and Banking*, Vol. 36, No. 3, 2004.

Stijn Claessens and T. Glaessner, "Internationalization of Financial Services in Asia", *World Bank Working Paper*, No. 1911, 1998.

Sydney Key, *The Doha Round and Financial Services Negotiations*, Washington D. C. : American Enterprise Institute, 2004.

Tim Bütheand Walter Mattli, *The New Global Rulers: The Privatization of Regulation in the World Economy* (Princeton: Princeton University Press 2011).

Uiboupin Janek, "Short-term Effects of Foreign Bank Entry on Bank Performance in Selected CEE Countries", *Bank of Estonia Working Papers*, No. 2005 – 4, 2005.

Ulrich Volz, "All Politics Is Local: The Renminbi's Prospects as a Future Global Currency," in Leslie Elliott Armijo and Saori N. Katada, eds. , *The Financial Statecraft of Emerging Powers: Shield and Sword in Asia and Latin America* (Basingstoke: Palgrave Macmillan, 2014).

Vic Li, "Hong Kong in China's Financial Globalization: Market Power and Political Leverage", *Asian Survey*, Vol. 58, No. 3, 2018.

Wendy Dobson and P. Jacquet, *Financial Services Liberalization in the*

WTO, Washington D. C. : Institute for International Economics, 1998.

Wendy Dobson, "Finances Services and International Trade Agreements: The Development Dimension", in *A handbook of International Trade in Services*, 2007.

后 记

本书的写作灵感源于 2018 年底在北京的一次调研。这次调研的主要目的是更好地理解"内地与香港资本市场互联互通机制"（以下简称"互联互通机制"）及其给跨境监管带来的新机遇和新挑战。这次调研的部分成果已经发表在 *China：An International Journal* 上。借着本书出版的机会，要再次感谢新加坡国立大学东亚研究所的编辑老师，他们在本研究开展的初期给予了宝贵意见。此外，还要感谢香港中文大学的习超教授、香港大学的赵云教授及中山大学的杨建广教授对本研究的早期指导和学术支持。

在百年不遇的新冠疫情影响下，本书的写作进程一再中断，出版计划也一再调整。当然，这其中有客观原因，也有主观原因，而最重要的一个影响因素无疑是家庭。由于大环境的变化，为家庭所需要付出的时间和精力远远超出了我的预期，这从根本上改变了我的学术生涯，也为我开启了一个新的人生方向。本书的内容和框架历经多次修改，直到 2023 年春季才得以定稿，而这也恰好是我个人职业发展的一个侧面写照。

本书得以最终完成并出版，要特别感谢社会科学文献出版社生态文明分社的任文武社长、张丽丽老师及其他编辑同事。任文武社长为本书的出版提供了重要的支持和指导，责任编辑张丽丽老师在书稿审读过程中做了很多工作。

最后，我还要特别感谢我的父母，他们在物质和精神层面的无私付出，对我的学术追求和个人成长都至关重要。

对这里所有提到的和没有提到的帮助过我的人，一并致谢。

潘炫明

2023 年 10 月 29 日

中山大学文科楼

图书在版编目（CIP）数据

互联互通：中国特色跨境资本市场治理之道／潘炫
明著. -- 北京：社会科学文献出版社，2024.5（2025.1 重印）
ISBN 978 - 7 - 5228 - 3234 - 0

Ⅰ.①互… Ⅱ.①潘… Ⅲ.①资本市场 - 市场管理 -
研究 - 中国 Ⅳ.①F832.5

中国国家版本馆 CIP 数据核字（2023）第 257257 号

互联互通：中国特色跨境资本市场治理之道

著　　者／潘炫明

出 版 人／冀祥德
组稿编辑／任文武
责任编辑／张丽丽
责任印制／王京美

出　　版／社会科学文献出版社·生态文明分社（010）59367143
　　　　　　地址：北京市北三环中路甲 29 号院华龙大厦　邮编：100029
　　　　　　网址：www.ssap.com.cn
发　　行／社会科学文献出版社（010）59367028
印　　装／唐山玺诚印务有限公司

规　　格／开　本：787mm×1092mm　1/16
　　　　　　印　张：17　字　数：205 千字
版　　次／2024 年 5 月第 1 版　2025 年 1 月第 2 次印刷
书　　号／ISBN 978 - 7 - 5228 - 3234 - 0
定　　价／98.00 元

读者服务电话：4008918866